Pensando en exceso

Cómo eliminar la ansiedad, crear hábitos productivos, pensar y meditar, eliminar los pensamientos negativos y desarrollar una mentalidad ganadora

Antonio Martínez

Tabla de contenidos

editorial. Quedan reservados todos los derechos adicionales.

Además, la información que se encuentra en las páginas que se describen a continuación se considerará exacta y veraz a la hora de relatar los hechos. Por lo tanto, cualquier uso, correcto o incorrecto, de la información proporcionada dejará al editor libre de responsabilidad en cuanto a las acciones realizadas fuera de su ámbito directo. En cualquier caso, no hay ninguna situación en la que el autor original o la editorial puedan ser considerados responsables de ninguna manera por cualquier daño o dificultad que pueda resultar de cualquier información discutida aquí.

Además, la información contenida en las páginas siguientes tiene únicamente fines informativos, por lo que debe considerarse universal. Como corresponde a su naturaleza, se presenta sin garantía de su validez prolongada ni de su calidad provisional. Las marcas comerciales que se mencionan se hacen sin el consentimiento por escrito y no pueden considerarse en ningún caso un respaldo del titular de la marca.

Introducción

Le felicitamos por haber adquirido este libro y le agradecemos que lo haya hecho. Este libro le ayudará a entender la amenaza potencial del pensamiento excesivo y las formas de evitar caer en su trampa viciosa.

El pensamiento es un proceso tan poderoso. Nos ha ayudado a evolucionar hasta convertirnos en seres tan eficientes y poderosos. Es gracias al poder del pensamiento que estamos gobernando este mundo a pesar de ser físicamente débiles e inferiores a otras razas que han existido durante mucho más tiempo que la nuestra. Sin embargo, como cualquier otro proceso poderoso, cuando se sale de control, puede ser devastador.

No es de extrañar que en esta época de comodidades, todos suframos en gran medida nuestra mente. Tenemos poco control sobre las cosas que la mente piensa. Puede arrastrarnos fácilmente a pensamientos negativos y dominarnos.

La mayoría de las personas se sienten indefensas ante sus mentes sobrepensantes, y ésta es una de las razones por las que más de 40 millones de adultos en Estados Unidos sufren trastornos de ansiedad. El recuento de las víctimas de otros trastornos mentales en los que el pensamiento excesivo y el estrés resultante tienen un papel definitivo es aún más aterrador.

Un problema aún mayor que esta cifra es el porcentaje de personas que tratan el pensamiento excesivo como un problema y buscan ayuda. Sólo el 36,9% de las personas que padecen trastornos mentales graves buscan alguna vez ayuda médica. La mayoría de las personas que sufren de pensamiento excesivo ni siquiera lo consideran un problema real.

La gente cree que el trabajo de la mente es pensar, y si su mente está pensando un poco más, entonces es hiperactiva. La gente no se da cuenta de que si más de la cantidad requerida de azúcar en la sangre puede ser un problema. Si más de la cantidad requerida de presión en la sangre puede ser un problema, entonces por qué pensar más de la cantidad requerida es normal.

Este libro le ayudará a entender todas estas cuestiones en detalle y le explicará el problema del exceso de pensamiento en detalle.

En este libro, he intentado explicar el concepto y las causas del pensamiento excesivo en los términos más sencillos posibles. Las causas fundamentales del pensamiento excesivo no son complejas, pueden abordarse fácilmente, pero si se permite que el cerebro mantenga el hábito del pensamiento excesivo durante mucho tiempo, la recuperación puede ser difícil, agotadora y extenuante.

Este libro será de gran ayuda para todos. Ya sea que haya estado enfrentando el problema de pensar demasiado durante mucho tiempo o que sienta que ha comenzado a caer en la trampa de la mente recientemente. Obtendrá soluciones sencillas, fáciles y procesables para los problemas que está enfrentando en su mente.

Muchas personas cometen el error de desechar el problema del pensamiento excesivo por considerarlo intrascendente. Hoy en día, incluso la ciencia médica ha demostrado que el simple proceso de pensar en exceso no sólo puede provocar problemas mentales y emocionales, sino que también puede causar trastornos neurológicos. Es un problema que no sólo afecta al funcionamiento de la mente, sino que también afecta al buen funcionamiento del cuerpo.

Este libro le proporcionará formas sencillas y prácticas para cambiar su forma de pensar. Le ayudará a comprender las formas de modificar su proceso de pensamiento y a salir de la trampa del pensamiento excesivo.

También le proporcionará las técnicas para salir del estancamiento provocado por el exceso de pensamientos. Le dará formas de salir del hábito de la inactividad y la indecisión.

Este libro le introducirá en la práctica efectiva de la meditación y en las formas en que la meditación puede ayudarle a romper el hábito de pensar en exceso.

Este libro no sólo le proporcionará los fundamentos de la meditación, sino que también le dará una comprensión profunda de la práctica para contrarrestar el problema del pensamiento excesivo.

También te dará consejos profesionales para vencer los procesos de pensamiento negativos en la mente y obtener una mentalidad ganadora.

Este libro es un intento sincero de ayudarle a superar el problema del pensamiento excesivo y a encontrar la paz, la alegría y el éxito en la vida.

Espero que pueda sacar todo el provecho de este libro.

Hay muchos libros sobre este tema en el mercado, ¡gracias de nuevo por elegir este! Se ha hecho todo lo posible para que contenga la mayor cantidad de información útil posible; ¡disfrútelo!

Capítulo 1: ¿Qué es el pensamiento excesivo?

Un pensador excesivo es una persona simple con una mente compleja

El pensamiento excesivo es el estado de impotencia en el que no puedes evitar que tu mente piense en algo que no quieres pensar.

¿Confundido?...

Comencemos con una pequeña pero interesante historia...

Érase una vez en el lejano oriente, una persona orgullosa de su destreza mental acudió a un monje muy famoso para obtener el conocimiento de los poderes místicos. Llevó la carta de recomendación del rey para que el monje no se entretuviera. Quería los poderes rápidamente.

Cuando se le hizo la petición al monje, no tenía muchas opciones. Actuar en contra de la recomendación del rey podía resultar fatal.

Pero el monje también tenía sus reservas. En aquel entonces, era una tradición impartir el conocimiento sólo a quien lo merecía. Cada maestro tenía la gran responsabilidad de encontrar al candidato merecedor, y entonces sólo él podía transmitir ese conocimiento. Se cree que muchas enseñanzas poderosas han pasado al olvido porque los maestros no encontraron a los estudiantes que lo merecían.

Aquí había un estudiante que quería una entrega rápida de las enseñanzas sin tener que pasar la prueba del tiempo y el mérito.

El monje pensó un rato y luego accedió a impartir el conocimiento.

Le dio a esa persona 3 simples mantras para cantar:

BuddhamSaranamGachhami

DhammamSaranamGachhami

SanghamSaranamGachhami

Sin embargo, había 3 condiciones muy importantes que debían cumplirse:

1. Esa persona tuvo que meterse en el agua hasta el pecho a primera hora de la mañana para cantar estos mantras.
2. Tuvo que cantar estos mantras 7 veces
3. No debe pensar en los Monos mientras canta estos mantras

Esa persona sintió que estaba en la séptima nube. No podía creer que fuera tan fácil conseguir poderes místicos.

El monje volvió a recordarle que no debía pensar en los monos, pues de lo contrario los mantras no funcionarían. Aquella persona aseguró que no había razón para que pensara en los monos.

Pero, de alguna manera, sus pensamientos se desviaban ahora hacia los monos. Cuanto más intentaba apartar estos pensamientos, más agresivamente le atacaban. No pudo dormir en toda la noche pensando en esos malditos monos.

A la mañana siguiente, cuando entró en el agua, más que en los mantras, pensaba en los monos, sabiendo perfectamente que no tiene que pensar en ellos. Salió del agua sin conseguir ningún éxito.

Pronto el pensamiento de esos monos se apoderó de todos los aspectos de su proceso de pensamiento. Simplemente no podía deshacerse de ellos.

Veía a esos monos en todo lo que le rodeaba. Todos sus pensamientos eran simplemente sobre los monos.

Fue corriendo hacia el monje y le suplicó que hiciera cualquier cosa para quitarse esos monos de la cabeza.

No quería nada más en este mundo. Estaba a punto de perder todo lo que había ganado hasta la fecha por culpa de esos monos que ni siquiera existían.

Este es el tipo de efecto que el exceso de pensamiento puede tener en una persona.

Puede ser un simple pensamiento que se escapa a tu control. Un pequeño miedo, una inseguridad, una fobia, un dilema o una aprensión pueden colarse en tu mente y dominarla. Si no se maneja adecuadamente, puede resultar muy difícil deshacerse de él.

El hábito de pensar en exceso no necesita circunstancias o situaciones especiales para desarrollarse, pero el entorno que le rodea puede desempeñar un papel importante en él.

¿Es usted una persona que piensa demasiado?

Hasta cierto punto, a todos nos gusta pensar en las cosas. Es algo bueno. Actuar sin pensar claramente o sin una previsión razonable puede ser una tontería. Sin embargo, para algunas personas, esta precaución adopta la forma del miedo y conduce a la indecisión y la inacción.

¿Se encuentra incapaz de apartar su mente de ciertos pensamientos perturbadores?

¿Siente que ciertas cosas pueden seguir atrayendo sus pensamientos una y otra vez hacia ellas?

¿Temes que pensar en algunas cosas te haga sentir muy inseguro y, sin embargo, no puedes dejar de pensar en ellas?

¿El miedo a que algo vaya mal suele llevar a la inacción?

¿Está de acuerdo en que el miedo a levantarse tarde por la mañana puede quitarle el sueño por la noche?

¿Empiezas a sacar conclusiones rebuscadas incluso en situaciones ligeramente imprecisas?

Pensar en exceso es un problema más común de lo que se cree. Hasta cierto punto, todos pensamos en exceso. Incluso las personas más impulsivas o espontáneas que te rodean piensan demasiado en algo. Todo el mundo tiene algunos miedos y puntos débiles ocultos. El problema comienza realmente cuando una persona empieza a pensar en exceso todo el tiempo y en la mayoría de las cosas.

Pensar demasiado puede tener efectos desastrosos en la vida de la persona afectada. Puede llevar a una persona a un punto muerto. Puede provocar tensiones en las relaciones, indecisiones, inacción y agitación interior. Es un problema que hay que identificar y manejar adecuadamente.

Definir el pensamiento excesivo

Si se observa con atención, el exceso de pensamiento es un término erróneo.

Pensar es un proceso consciente. Se toma la decisión consciente de poner la mente en algo, y ese proceso se llama pensar. Sin embargo, la mayoría de los que piensan en exceso simplemente intentan detener ese proceso y no tienen ningún control activo sobre él. Sin embargo, nos gusta llamarlo "sobrepensar".

Una persona sólo intentará detener este proceso cuando sepa que no está funcionando a su favor. Por desgracia, en ese momento, la víctima pierde todo el control sobre el proceso de pensamiento y se siente impotente. Este problema se conoce comúnmente como sobrepensamiento.

El pensamiento excesivo no siempre comienza como un proceso negativo. Comienza como un pensamiento sobre el impacto de los acontecimientos que han tenido lugar y las formas en que pueden dar forma al curso futuro de los acontecimientos. Es sólo una medida para adelantarse y poder planificar mejor. Puede ser que te apetezca pensarlo bien pero no quieras quedarte enganchado a ese pensamiento.

En el momento en que no eres capaz de desprenderte del pensamiento, comienza el problema. Este problema se conoce popularmente como sobrepensamiento.

Es el punto en el que se pierde el control activo sobre los pensamientos. El subconsciente toma el control y comienza a bombardear recuerdos relacionados, contextos, referencias y miedos ocultos. Se extrapola.

Pensar es un ejercicio mental. Es un juego saludable que tu mente debe jugar a diario para mantenerse sana. Es un juego que le gusta. Sin embargo, este juego sólo puede ser alegre mientras tengas el control absoluto.

Imagínate en tu parque de atracciones favorito. Tienes la oportunidad de elegir tu atracción favorita. La única pega es que no puedes bajarte. Incluso la atracción más maravillosa de este mundo se convertiría en algo doloroso cuando sabes que no puedes bajarte. No es que la atracción se haya estropeado. Simplemente has perdido el control sobre él.

Esto es lo que ocurre cuando el exceso de pensamiento se convierte en parte de la vida.

Tipos de pensamiento excesivo

El exceso de pensamiento puede clasificarse en dos grandes categorías:

1. Rumiación: En este caso, la víctima queda atrapada en la espiral de los pensamientos dolorosos o estresantes del pasado y sigue reviviéndolos. Es un viaje que la víctima puede emprender todos los días, varias veces al día. La víctima se ve obligada a experimentar las cosas que es mejor evitar, pero no encuentra la manera de salir de esos recuerdos. Revivir el pasado puede ser una experiencia de pesadilla, y si alguien se ve atrapado en ella, la ayuda es muy importante.

2. Preocupación: Esta es la variedad de jardín de los pensadores excesivos. Las víctimas están tan estresadas por los acontecimientos que tendrán lugar en el futuro que dudan en participar en ellos. La mayoría de los problemas previstos por las víctimas son ficticios y puede que nunca se hagan realidad. Sin embargo, las víctimas tienen

problemas para superar este hecho y necesitan ayuda para salir de él.

Mark Twain dijo una vez: "He tenido muchas preocupaciones en mi vida, la mayoría de las cuales nunca han ocurrido".

Esto es cierto para la mayoría de los que piensan demasiado, pero pueden necesitar ayuda para darse cuenta de este hecho.

La importancia de reconocer el problema del exceso de pensamiento

El exceso de pensamiento puede hacer que la vida de una persona afectada sea miserable. No se trata de una dolencia física, por lo que la persona parece estar en forma y bien. Sin embargo, el agonizante estado mental de la víctima puede afectar considerablemente a su funcionalidad.

Uno de los mayores problemas de los problemas comunes es que se ignoran fácilmente. Todos podemos tenerlo, pero nunca le prestamos atención ya que pensamos que no es gran cosa. Esto significa que un pequeño descuido puede obligar a una persona a dejar que esta condición prevalezca sobre ella de por vida. No sólo afectará al rendimiento profesional de la víctima, sino que también afectará a su vida personal.

A continuación se presentan algunos de los signos y síntomas del exceso de pensamiento. Algunas señales son generales y es fácil pasarlas por alto. Sin embargo, algunos de ellos son señales inequívocas de que puede estar sufriendo el problema del exceso de pensamiento y puede necesitar ayuda.

Recuerda que pensar demasiado es un problema, pero no carece de solución.

Signos y síntomas del exceso de pensamiento

Inseguro de cada decisión

Este es otro gran signo de los que piensan demasiado. Sencillamente, no pueden sentirse seguros de ninguna decisión que tomen. Ya sea una simple compra de un artículo en una tienda o una gran decisión en la vida. No dejan de tener dudas.

Los que piensan demasiado pasan mucho tiempo investigando esas cosas, pero cuando han tomado la decisión, empiezan a tener dudas y segundas intenciones, y eso les hace la vida imposible.

Incorregible hábito de revivir momentos embarazosos en la cabeza

Este es un signo inequívoco de exceso de pensamiento.

- Los pensadores excesivos tienen dificultades para dejar pasar las cosas, especialmente aquellas en las que ha ocurrido algo malo o perjudicial

- No dejan de tener pensamientos negativos en la cabeza
- Siempre están ocupados tratando de averiguar a dónde les pueden llevar esas cosas

Intentan adivinar el tipo de daño que causaría en sus vidas. Siguen reviviendo esos momentos y se sienten cada vez más avergonzados. Se vuelven más desconfiados y asustados. Esto hace que sus vidas entren en un bucle.

El parloteo mental incesante dificulta el sueño

La mente no deja que llegue el sueño. La mente siempre sigue exagerando las consecuencias de los acontecimientos pasados y el impacto que esas cosas podrían tener en su futuro. La mente está en un modo de juego de roles constante y se convierte en el amo dominante.

Saben que dormir puede aliviar la dificultad, pero en ese momento el sueño es lo más difícil de conseguir.

Analizar en exceso los escenarios hipotéticos

Una mente que piensa en exceso sigue analizando varios escenarios hipotéticos. Incluso los pensamientos positivos conducen a resultados negativos. Por ejemplo, la mente no deja de preguntarse qué hubiera pasado si hubieran dicho/hecho algo positivo en ese momento y qué gran pérdida ha supuesto. El arrepentimiento o el remordimiento son abrumadores.

Este exceso de análisis de escenarios hipotéticos puede tener un efecto paralizante, ya que impide la acción.

Empieza a notar el cambio de tono

Los hiperpensadores incluso empiezan a prestar mucha atención al cambio de tono de las personas con las que hablan. Incluso si hay un ligero cambio en el tono o el comportamiento, tienden a asociarlo con algo que habían dicho o hecho en el pasado. Hay muchas posibilidades de que el cambio se deba también a cosas que suceden en la vida personal del interlocutor, e incluso los sobrepensadores se dan cuenta de ello, pero simplemente no pueden quitarse el miedo de encima.

Dificultad para formar vínculos sociales estables debido a la inseguridad

La inseguridad permanente es otro de los grandes problemas en la vida de las personas que piensan demasiado. Esto les hace cuestionar casi todo repetidamente, y no funciona bien en las relaciones. Nunca están seguros de la mente de las personas que aman, y esto les hace dudar. A nadie le gusta verse obligado a demostrar su amor de vez en cuando.

Vivir en la mente

Las personas que piensan demasiado nunca son capaces de disfrutar del momento presente, ya que tienden a vivir en su mente. Este hábito les obliga a permanecer en un miedo constante. Nunca son capaces de sentir plenamente la alegría del momento. El bagaje de acontecimientos pasados mantiene su mente ocupada. Nunca son capaces de sentir la alegría del momento plenamente.

Se preocupan por cosas que no controlan

La mente de un pensador excesivo está siempre cargada de la conciencia de cosas sobre las que no tiene ningún control. Si existe la posibilidad de que algo se les vaya de las manos en el futuro, su mente se quedaría para siempre acribillada por su pensamiento. No les dejaría descansar ni dormir. Incluso las mejores noticias no tendrán ningún significado o alegría para ellos, ya que seguirán preocupándose por las cosas que no pueden controlar.

Incapacidad de aceptar la zona gris

Al cerebro que piensa demasiado le gusta poner las cosas en blanco y negro y aportar la mayor claridad posible. No hay lugar para la zona gris. La vida nunca es tan directa como el blanco y el negro, y puede ser realmente difícil clasificar todo en categorías tan claras y esto también se convierte en una gran causa de los problemas.

Miedo constante

El miedo constante a las cosas es una característica permanente en la vida de un pensador excesivo. Una persona así siempre tiene miedo de que las cosas vayan mal o de que la gente se vuelva contra ella. Este miedo puede hacer que la alegría y la confianza sean productos raros en la vida.

Dolores musculares y articulares

El exceso de pensamiento también tiene síntomas físicos, y se manifiestan en forma de dolor muscular y articular. No hay ninguna razón física para ese dolor, sino que es simplemente el resultado de un estrés excesivo.

Dolores de cabeza

El miedo, las inseguridades y las preocupaciones hacen que los dolores de cabeza sean una característica común en la vida de una persona que piensa demasiado. El estrés se convierte en parte de su vida, y simplemente les resulta difícil disfrutar de la vida de forma despreocupada.

Fatiga

La fatiga inexplicable es otro signo común del exceso de pensamiento. La mente de una persona que piensa en exceso está tan sobrecargada que siempre está deseando relajarse. La fatiga no es más que otra forma en que el cuerpo expresa su deseo de encontrar algo de alivio.

Capítulo 2: Causas del exceso de pensamiento

Sabemos que pensar demasiado es un problema. Cualquiera que haya pasado por ello sabe que es una verdadera tortura mental. El mayor problema de pensar en exceso es que prolonga la agonía. Te hace sentir ese dolor en el presente que puede o no llegar en el futuro. Te creas literalmente los problemas, que en realidad no existen.

¿Significa eso que es un fallo de la mente?

No, la causa fundamental del exceso de pensamiento es nuestra desesperación por tener el control. A algunas personas les gusta tener el control. Quieren que las cosas salgan siempre según lo previsto. No les gustan las sorpresas. Por eso quieren explorar todas las posibilidades antes de enfrentarse a ellas.

La mente humana es compleja. Decimos casualmente que nuestra mente no funciona bien, o que no funciona según nuestras órdenes; realmente no la entendemos.

La mente desempeña varias funciones cruciales y cada una de ellas influye en nuestros patrones de pensamiento. Nuestro intelecto, el equilibrio emocional, los recuerdos conscientes y subconscientes, el bagaje del pasado y otras cosas similares tienen una profunda influencia en nuestra forma de pensar.

Hay varias cosas a las que no damos gran importancia, pero te sorprenderá saber que incluso las cosas que puedes haber visto de niño y haber olvidado pueden tener un profundo impacto en tu pensamiento. Pueden convertirse en una causa de pensamiento excesivo.

- *Cualquier cosa que hayas visto mientras bajabas a tu oficina puede hacerte pensar demasiado*
- *La fría respuesta de tu jefe tras una presentación puede hacer que te lo pienses demasiado*
- *Un simple movimiento de cabeza de tu compañero de trabajo mientras esperabas una larga respuesta puede hacerte pensar demasiado*

- *Incluso un abrazo comparativamente más ligero de tu pareja puede hacerte pensar demasiado*

Puede haber cientos de desencadenantes del pensamiento excesivo. Cada persona puede tener desencadenantes específicos. Es importante identificar las cosas que pueden desencadenar el pensamiento excesivo y abordarlas.

La mayoría de las veces, las cosas que causan el exceso de pensamiento no son grandes. Pueden ser acontecimientos pequeños y sencillos, pero nuestra mente empieza a exagerar. Nuestros miedos, fobias, temores e indecisiones también pueden tener un papel importante en ello

Algunas causas importantes del exceso de pensamiento son:

El desorden en la mente

Una mente desordenada es una de las principales razones por las que se piensa demasiado. Cuando la mente está llena de demasiadas cosas innecesarias y se piensa en ellas al mismo tiempo, es fácil mezclar las cosas. En tales situaciones, pensar en exceso es natural.

Siempre tienes miedo de que se te escape algo. No hay posibilidad de priorizar. Entonces temes que se te escape algo esencial y esto siembra la semilla del miedo.

Una mente desordenada también está llena de información que podría no ser relevante, pero siempre trataría de relacionarte con esas cosas, y eso también lleva a pensar demasiado. Empiezas a perder el contexto y sigues recibiendo las referencias.

El problema de la elección

Vivimos en la era de la abundancia de opciones. Para todo, hay alternativas más que suficientes y, desde luego, más que necesarias, lo que nos obliga a elegir una y otra vez. Desde la elección de la camisa adecuada por la mañana para ir a la oficina hasta la elección del menú para el almuerzo, son varias las elecciones, tanto importantes como inútiles, que hacemos.

Algunas personas no son buenas en esto. Suelen necesitar mucho tiempo para llegar a un juicio final, incluso sobre cosas pequeñas. Cuando estas personas se ven obligadas a tomar decisiones con mucha frecuencia, se ven obligadas a pensar demasiado.

Cuando tomamos una decisión crucial, es natural que pensemos demasiado. Sin embargo, es importante llegar a una decisión final y atenerse a ella. A algunas personas les resulta difícil y siguen cuestionando su propia decisión. Quedan atrapadas en el círculo vicioso del exceso de pensamiento.

Procrastinación

La inacción es otra de las grandes causas del exceso de pensamiento. Cuando sigues dejando el trabajo para el futuro, el miedo empieza a aparecer en tu mente. Te recuerda que no podrás terminar el trabajo a tiempo. Tu mente empieza a plantear todas las posibilidades que podrían surgir en caso de que no termines el trabajo a tiempo. Este es el lugar de nacimiento del pensamiento excesivo.

Una vez que le das el control de los pensamientos a las posibilidades, no hay manera de dejar de pensar en exceso. Este problema puede cortarse de raíz si se deja de pensar en exceso y se terminan las tareas asignadas a tiempo.

Demasiadas redes sociales

Nuestros pensamientos se basan en nuestras experiencias. Estas experiencias provienen de nuestro entorno y especialmente de los estímulos visuales. Las redes sociales desempeñan un papel muy importante en este sentido, ya que influyen enormemente en nuestro proceso de pensamiento. Cuanto más nos alimentemos de ellas, más grave será el impacto en nuestro proceso de pensamiento. Todo lo que está en las redes sociales no es para que lo tomes. Si no eres exigente con las cosas a las que prestas atención, puede ser muy difícil encontrar un lugar en tu mente para cualquier otra cosa.

Cuando la gente no ejerce la discreción en la ingesta de los medios sociales, se convierte en víctima del exceso de pensamiento. Esto puede hacer que tengas poca confianza, inseguridad, infelicidad y mala suerte. Sabes que todo lo que está presente en las redes sociales no está exento de filtros, pero la mente no dejará que esto se interponga en la propagación de las inseguridades.

Expectativas

Las altas expectativas también pueden convertirse en una causa de pensamiento excesivo. Ya sea que las expectativas provengan de ti o de ti, te harán pensar en las probabilidades, y ese camino seguramente te lleva a pensar demasiado.

Las expectativas deben ser mínimas, y la entrega debe ser máxima, y esa es la única manera de permanecer feliz y contento en la vida.

Demasiadas expectativas pueden agobiarte con resultados que nunca están en tus manos. Te verás obligado a controlar o gestionar de algún modo el resultado, y esto te pone en una situación precaria. Intentar controlar el final es siempre una mala idea. Siempre está en nuestras manos poner el esfuerzo, pero el resultado depende también de varios otros factores. No es buena idea poner demasiadas condiciones.

Excesiva autoimportancia

Nos damos demasiada importancia a nosotros mismos. Nos identificamos con tantas cosas en nuestra vida que cualquier cambio empieza a parecer una interferencia en nuestro plan, y eso nos lleva a pensar demasiado.

Incluso un simple cambio puede dejarnos perturbados y muy alterados. Puede poner en marcha una nueva cadena de pensamiento. Esta cadena de pensamiento seguirá conduciendo de un punto a otro, y es muy difícil de romper. No es necesario hacerlo.

En el gran esquema de las cosas, tenemos un papel muy pequeño que desempeñar. Si empezamos a darnos demasiada importancia a nosotros mismos, podemos vernos identificados con cosas equivocadas que no son necesarias.

Si quieres dejar de pensar en exceso, hay que dejar de construir castillos con el ego elevado. Simplemente haz la tarea que te han asignado y deja de preocuparte por el camino al que te puede llevar. Si haces tu trabajo correctamente sin preocuparte por el resultado, podrás poner fin al ciclo de sobrepensamiento.

Relaciones

Las relaciones son los hilos que nos mantienen con los pies en la tierra. Nos unen y nos proporcionan el apoyo necesario. Sin embargo, son simbióticas. No pueden prosperar con el esfuerzo de un solo miembro de la pareja. Tampoco pueden soportar la carga de grandes expectativas.

Cuando un miembro de la pareja empieza a reconocer en exceso su esfuerzo y no ve el esfuerzo del otro, empiezan a abrirse fisuras que llevan a pensar demasiado. Se empieza a tratar de encontrar las razones de todas las acciones e inacciones. Empiezas a tratar de extraer significados de las acciones cuando ni siquiera es necesario. Esto puede ser muy estresante y te llevará a pensar demasiado.

Las relaciones hay que alimentarlas. Tienes que poner tu parte de esfuerzo y seguir haciéndolo sin más expectativas. En el momento en que empieces a esperar la parte de la otra persona, esto te llevará a pensar y luego a pensar más. Esto hace que la mente saque conclusiones de todas las acciones e incluso de las inacciones. No va a ser un viaje agradable y no es bueno en absoluto para su proceso de pensamiento, ya que comenzará a calcular todos los resultados negativos.

El equipaje del pasado

Nuestro pasado tiene un profundo impacto en nuestro proceso de pensamiento. Nuestro intelecto no puede funcionar sin recuerdos. Los recuerdos son referencias del pasado y, por tanto, si en el pasado una acción ha tenido un resultado negativo, puede afectar a nuestro proceso de pensamiento actual. Nos volvemos críticos. Empezamos a ver las cosas con prejuicios. Tenemos fuertes barreras en nuestra mente que pueden alterar nuestra forma de pensar.

El bagaje del pasado puede ser una pesada carga para nuestro presente. Puede empujarnos a la inacción, ya que podemos empezar a predecir el resultado sin ni siquiera mover un músculo.

Por eso, vivir en el pasado puede ser peligroso para el presente. Si algo en el pasado te ha llevado a resultados negativos, debes utilizarlo como una oportunidad de aprendizaje para encontrar el fallo en las formas de ejecución. Detener toda la acción puede ser peligroso.

La mayoría de la gente piensa que de este modo puede evitar los resultados erróneos. Sin embargo, ni siquiera eso ocurre. Puedes dejar de actuar, pero no puedes detener a tu mente. Seguirá pensando en esa cosa tanto si haces algo como si no. Te llevará a pensar demasiado y te mantendrá centrado en eso mismo que quieres evitar.

La mejor manera de salir es mirar todo por su mérito actual. No lo juzgues en base al pasado.

Baja confianza en sí mismo

Nuestra falta de confianza en nosotros mismos puede llevarnos a pensar demasiado. Podemos empezar a dudar de todo porque no tenemos confianza en nuestras capacidades. En ese caso, empezamos a depender mucho de la suerte, de las fuerzas externas y de los fracasos de los demás. Todas estas cosas están fuera de nuestro control, y por lo tanto no tenemos otra opción que seguir especulando. Esto le da un gran forraje a nuestra mente, que se da rienda suelta.

Insuficientes oportunidades de desvío

Las cosas que escapan a nuestro control o que no son de nuestro agrado siguen sucediendo todo el tiempo. Si acabas de recibir una reprimenda del jefe y no has encontrado algo más atractivo que hacer después, la mente tendrá un terreno fértil para pastar. Seguirá pensando en los posibles resultados de este arrebato. Extrapolará posibilidades que no se acercan a la verdad, pero que no te resultarán difíciles de creer porque estás enganchado a la idea de que te acaban de reprender.

Piensa en los niños. Sus padres les regañan todo el tiempo. Pronto van a jugar y su mente se concentra totalmente en el juego. Esto le da un respiro al pensamiento, y salen de este círculo vicioso de pensar demasiado en un pase. Imagina a un niño que está sentado solo en una habitación después de recibir una reprimenda. ¿Crees que sería fácil para ese niño librarse de la regañina?

Depende de ti convertirte en ese niño juguetón que puede deshacerse de los patrones de pensamiento negativos o en el niño enfurruñado que seguirá sentado en un rincón rumiando el suceso que le ha hecho remordimiento. El compromiso intenso es una forma de evitar caer en la trampa del pensamiento excesivo.

Estrés crónico

El estrés crónico en la vida también hace que una persona sea susceptible de caer en la trampa de pensar demasiado. Una mente afligida por el estrés crónico ya está cargada con demasiados problemas que manejar, y proporciona el forraje para reflexionar inútilmente sobre las causas y los efectos. Estas personas empiezan a obsesionarse con los problemas y no dejan de planear maneras de deshacerse de ellos en el futuro. Rara vez intentan enfrentarse a los problemas, sino que siempre tratan de eludirlos. Esto da lugar a un tren de pensamientos interminable.

Tendencias negativas

La negatividad engendra negatividad. Sólo en las matemáticas ocurre que dos negativos hacen un positivo. En la vida real, cuanto más pienso negativo alimentes a tu mente, mayor será la negatividad en tus pensamientos. Si te quedas pensando en lo malo, nunca estarás descansado.

Si una persona está llena de pensamientos negativos sobre los demás, los temores de los mismos sobre uno mismo invariablemente ensombrecerán la mente y llevarán a pensar en exceso. Uno tendrá que cosechar lo que siembra.

Trauma

En la vida de todos los individuos ocurren cosas malas. Todos tenemos una definición de lo malo. Lo que es realmente malo para alguien puede ser sólo un inconveniente para otra persona. Sin embargo, eso no hace que el mal de una persona sea menor que el de otra.

El verdadero problema comienza cuando una persona empieza a litigar sus malas experiencias del pasado y empieza a vivir en un capullo. Este capullo puede parecer que proporciona protección, pero es frágil y poroso. No impide que las inseguridades penetren en el capullo protector. Los miedos pueden seguir traumatizando a la víctima. Siempre mantienen a la víctima en un estado de alta alerta. Pueden hacer que la víctima piense en las cosas malas una y otra vez.

Cuanto más te resistas a enfrentarte a tus miedos, más fuertes serán. Seguirán agobiándote. No podrás escapar de esta experiencia si no te preparas y te enfrentas a ella de una vez por todas. El miedo a enfrentarse al trauma del pasado sólo te llevará a pensar demasiado en él.

Empezarías a planificar varios pasos por adelantado para evitar esas cosas en su totalidad. Sin embargo, no puedes tener un control activo sobre los resultados de todas y cada una de las acciones que realizas. Cuando cualquier resultado se salga de tu estructura planificada, te llevará a una planificación detallada por adelantado. No dejas margen para las improvisaciones. Esto puede ser perjudicial para ti en general.

El pensamiento excesivo puede ser desencadenado por muchas cosas, y éstas son sólo algunas de las que conducen al pensamiento excesivo. La mayoría de la gente empieza a culpar a su mente por pensar excesivamente en cosas o por permanecer demasiado tiempo en un pensamiento concreto. Simplemente quieren que su mente deje de pensar.

Esto es un gran problema.

Tu mente no es la fuente del problema. La mente siempre trabajará con el forraje que le proporciones. Puedes elegir mantenerla ocupada de forma productiva u ofrecerle oportunidades de autodestrucción, pero no puedes paralizarla. La capacidad de tener pensamientos continuamente es algo que la mente ha desarrollado durante miles de años de evolución. Es la misma en ti que la de un hombre pacífico. El problema no está en la mente, sino en la forma en que la utilizamos y en el pienso que le damos a la mente.

Si quieres que tu mente esté en paz, lo primero que tienes que vigilar es el tipo de información que está entrando. Cuando tu mente está recibiendo información sin filtros, hay muchas posibilidades de tener diarrea mental.

Capítulo 3: La sobrecarga de información: una amenaza latente

Las amenazas más peligrosas son las que no se ven

La información es un privilegio. Antes del siglo 15th , la información viajaba a un ritmo muy lento. En este periodo, se inventó la imprenta y la gente obtuvo un nuevo medio para obtener información. Seguía siendo muy lento y de alcance limitado, pero era un paso lento y constante en la dirección correcta de la educación y la concienciación.

5 siglos después, hoy vivimos en la era de Internet. Hoy, los datos pueden viajar incluso más rápido que la velocidad de la luz. Puede penetrar hasta los lugares más recónditos. Sin embargo, en el afán de hacerlos cada vez más accesibles, ahora están disponibles muy libremente y, por lo tanto, han empezado a convertirse en un problema para nuestras mentes.

Vivimos en una época en la que cualquier cosa grande que ocurra en cualquier parte del mundo puede llegarnos al instante estemos donde estemos, independientemente de nuestra condición o preparación para captarla, y esto se ha convertido en un problema.

La sobrecarga de información afecta a nuestras mentes

La información es poder. Sin embargo, ¿qué haces con un poder ilimitado para el que no tienes uso ni aplicación? Incluso ese poder se queda contigo y ocupa espacio. Todo tipo de información ocupa espacio en nuestra mente y sigue registrándose en nuestra memoria. La información que no podemos utilizar se queda almacenada como desorden, y este desorden también mantiene la mente ocupada.

Caso 1

Recibes la trágica noticia de la explosión de una bomba en algún rincón remoto del mundo. La reacción más humana ante esta noticia es el remordimiento. No puedes hacer nada al respecto, pero como ser humano, sentirás pena. Esto es natural y genuino.

El problema es que no se detendría aquí.

Esa información seguirá llegando a usted en diversas formas desde varias fuentes de información. Las llamamos plataformas de medios sociales. No se limitarán a informarte, sino que tratarán de involucrarte. Intentarán provocar una emoción más profunda en ti. Cada campaña tendrá un motivo diferente. Puede que no tengas nada que ver con ellas, pero no puedes dejar de verte afectado.

Ese único incidente de la explosión de una bomba te llegará como un bumerán desde varias fuentes y empezará a afectar a tu psique. Puede empujarte a pensar que el mundo se ha vuelto muy inseguro de repente. No es la información la que te llega ahora, sino las opiniones de las distintas fuentes que quieren demostrar sus puntos.

Esta información puede llegar a ser lo suficientemente potente como para empujarle a pensar que el mundo se ha vuelto tan inseguro y violento.

Recuerde que seguimos hablando de la misma explosión de la bomba. Pero, a estas alturas, puede que hayas oído hablar de ella docenas de veces de docenas de fuentes diferentes.

No eres el único al que le dan estas noticias. Incluso tu círculo de amigos está recibiendo la misma noticia. Esto también puede convertirse en un tema de conversación en la mesa del bar mientras tomas unas copas con tus amigos. Ahora, imagina que escuchas las mismas cosas de boca de tus conocidos. Tendrá un impacto mucho más profundo en tu cerebro. Empezará a registrarse en las partes más profundas de tu cerebro.

Cuando uno se siente inseguro, es bueno para el mercado. Una persona insegura es más propensa a gastar, ya que el futuro nunca parece una idea muy segura. Las compras también ayudan a aliviar el estrés. También proporciona la diversión necesaria a muchos, y el mercado lo sabe. Se convierte invariablemente en un producto.

Caso 2

Recibes una notificación de una plataforma de medios sociales sobre un amigo que está de vacaciones. Es una foto bonita y agradable. Podrías darle un "like" o apagar la pantalla del teléfono, y esto llegaría a su fin. Pero más del 90% de las personas no son capaces de resistir la tentación de seguir mirando.

Quieres guardar el teléfono y volver a lo que estabas haciendo al principio. Sin embargo, ahora las posibilidades de que eso ocurra han disminuido considerablemente. De una foto a otra y luego a otras referencias, las redes sociales tienen el poder de transportarte a otro mundo. Te prometen un acercamiento a la vida de los demás para que reflexiones sobre la inutilidad de la tuya.

Hace sólo unos minutos, estabas sentado contento y ocupado haciendo algo útil. El siguiente pensamiento que te viene a la cabeza es la cantidad de tiempo que ha pasado para ti desde que te tomaste esas vacaciones. Tu mente empieza a hacer cálculos de costes y trata de encontrar la viabilidad del plan. Luego también piensa en la alegría, la felicidad y la satisfacción en la vida de los demás y te recuerda el vacío que debes sentir.

Recuerda que no es importante que lo hayas sentido antes o no. Esta es la época del análisis comparativo.

Un simple post puede engañarte para planificar tu propio viaje y te hará sentir las cosas que te faltan en tu vida. No importa que las necesites en un principio o no.

Este es el tipo de daño que el exceso de información puede hacer en tu vida.

En ambos casos, verás que la falta de información no habría supuesto ninguna diferencia en tu vida. Incluso la entrada controlada de información no habría importado mucho. Pero, si obtienes un exceso sin uso y entrenamiento para manejar esa información, puede traer estragos, perturbación y desilusión en tu vida.

Las redes sociales se han vuelto muy poderosas. Cada vez son más avanzadas tecnológicamente. Los vendedores están altamente equipados con herramientas para juzgar tu estado de ánimo, tus gustos y tus acciones. Cada pieza de información que encuentres tendrá un impacto en tu mente. No puedes evitarlo. Cuanta más información recibas, más alimento le darás a tu mente. Esto puede poner en marcha un proceso de cotilleo inútil, ya que lo que empieza como una inocente reflexión sobre los pensamientos puede convertirse en un pensamiento excesivo. Tendrá los elementos vinculantes de los miedos, las inseguridades, las aspiraciones y las aprensiones.

En los tiempos que corren, considere que participa en un gran bufé. Puede haber cientos de cosas para comer. Pagas una vez por la entrada. Eso te da derecho a comer todo lo que puedas y todas las cosas que quieras.

Ya has pagado por ello y, por tanto, nadie puede cuestionar que pruebes un poco de todo. Pero a su sistema digestivo no le va a gustar. Se va a confundir con toda la variedad de alimentos que tiene a su disposición. No hay forma de que conozca las cosas a las que puede ser alérgico. Por lo tanto, también corres el riesgo de sufrir reacciones alérgicas e infecciones.

La mejor salida es alimentarse de cosas limitadas que son buenas para la salud y el intestino. La codicia por conseguir más y más sólo te llevará a problemas más profundos. Esta es la lección que debemos recordar cuando estamos en las plataformas de los medios sociales.

Cuanto más nos alimentamos de información no solicitada, mayor es la posibilidad de que la mente se encamine a pensar en exceso. La mayoría de nuestros miedos y resentimientos provienen de las comparaciones que hacemos con los demás. Nos preocupamos menos de lo que hemos hecho con nuestra vida y más de dónde han llegado los demás. No comprendemos que sólo vemos las cosas que nos proyectan utilizando varios filtros. Incluso ellos pueden estar luchando con problemas más graves en sus respectivas vidas. Sin embargo, la mente puede fácilmente desviar la atención de esto y hacerte pensar en tus fracasos una y otra vez.

La sobrecarga de información llega desde todos los rincones. Sin embargo, he mencionado las plataformas de los medios sociales porque tienen un impacto directo y profundo en nuestras vidas. La información que recibimos de los canales de televisión, los periódicos y las revistas también nos afecta, pero la mayoría de nosotros somos capaces de recuperarnos de ella fácilmente. La resaca de la información recibida de las plataformas de medios sociales es duradera y grave.

Hoy en día, un estadounidense medio maneja al menos 5 veces más información que la que se manejaba en 1986. [th]Todas las fuentes estiman que existían unos 30 exabytes de información hasta finales del siglo XX, es decir, hace menos de dos décadas. En la última década hemos creado más de 300 exabytes de información. Cada minuto se suben a YouTube unas 500 horas de vídeos. Esto significa que en una hora se suben a la web más de 30.000 horas de vídeos. Este es sólo un sitio web de streaming de vídeo. Hay un número incontable de sitios web de este tipo que le sirven contenido. La mayoría de los contenidos presentes en estos sitios web pueden ser entretenidos o informativos, pero pueden no ser relevantes para su campo de interés. Darle a toda esa información espacio de almacenamiento en tu mente simplemente va a crear más desorden.

Superar la sobrecarga de información no es una tarea fácil en la era de Internet. La información te llega de todas partes. Te conviertes en un receptor de información, te guste o no la mayor parte del tiempo. Sin embargo, todavía está en tu mano elegir si te quedas con toda esa información o no.

Formas de superar la sobrecarga de información

Limite las distracciones

El número de fuentes de las que podemos obtener información puede ser ilimitado hoy en día. Incluso las calles tienen pantallas más grandes que las casas que muestran todo tipo de información. La mayoría de las veces no se puede controlar el tipo de noticias que salen en la televisión. Tampoco puedes controlar las divagaciones de los locutores de radio que escuchas mientras conduces. Sin embargo, sí puedes controlar mucha de la información que te llega personalmente.

Nuestros ordenadores y smartphones pueden ser el almacén de información no solicitada. Los smartphones pueden tener multitud de aplicaciones que pueden presumir de conectarte a todo el universo.

La pregunta importante que hay que hacerse aquí es: ¿realmente lo deseas?

Deshazte de las aplicaciones de las redes sociales y otras plataformas de este tipo que no aportan ningún valor a tu vida. Son herramientas que te privan de tu tiempo personal. No permiten ni un minuto de tiempo para mí, ya que siempre estás deseando comprobar el estado de los demás.

Cuanto menor sea el número de estas aplicaciones, menor será la sobrecarga de información en tu vida.

Además, separa las cuentas de correo electrónico para el trabajo importante como para el misceláneo. Por mucho que intentes clasificar las campañas de correo electrónico de marketing en tu bandeja de entrada, éstas encuentran la forma de colarse en tu bandeja de entrada principal para desordenar tu mente.

Minimizar la fatiga de las decisiones

La fatiga de decisión se ha convertido en un verdadero problema de esta época. Hubo un tiempo en el que incluso los grandes almacenes tenían un inventario limitado, y podías encontrar fácilmente las cosas que buscabas. Ir de compras era fácil, y el principal problema solía ser el dinero para comprar las cosas que necesitabas. El dinero sigue siendo un problema para muchos, pero además, qué comprar con el dinero disponible ha surgido como un problema mayor.

Según marketwatch.com, la media de las tiendas de comestibles de EE.UU. tenía unos 7000 productos en su inventario, incluso en la década de 1990. El número de artículos en el inventario ha aumentado a 40000-50000 ahora. Esto significa que ahora tienes que elegir entre miles de productos nuevos. Antes de poder elegir lo que necesita, es posible que tenga que rechazar o ignorar docenas más.

Mucha gente no es consciente de que incluso la simple tarea de elegir la camisa que se va a poner por la mañana requiere una cantidad considerable de decisiones. Lo mismo ocurre con la elección de los artículos para la comida o la cena, y estas son las cosas que realmente no te importan. Piensa en el impacto que tendrían en tu vida las cosas que sí importan. Puedes pasar horas y horas pensando en esas cosas y seguirías haciendo planes inconscientemente. Este es el escalón hacia el pozo de los pensamientos excesivos.

Las personas que piensan demasiado pueden pasar innumerables cantidades de tiempo tratando de averiguar qué cosas deben comprar. Incluso después de hacer la compra, pueden seguir teniendo dudas. Esto les ocurre una y otra vez en casi todo lo que requiere la toma de decisiones.

Cuando te ves obligado a tomar decisiones de la mañana a la noche en todo lo que concierne a tu vida, la mente nunca está fresca para tomar decisiones importantes. Esta es la razón por la que la mayoría de las personas de éxito tratan de mantenerse libres de esas limitaciones. ¿Te has preguntado alguna vez por qué Mark Zuckerberg, el director general de Facebook, lleva la misma camiseta todos los días o por qué incluso el presidente de los Estados Unidos aparece con el mismo traje a diario?

Estos son los líderes a los que se les confía la responsabilidad de tomar decisiones importantes en su vida. Pero incluso las decisiones más pequeñas también afectan a sus vidas de forma similar. Para evitar que la fatiga de las decisiones les agote, han tomado la sabia decisión de evitar la fatiga de las decisiones en la vida.

Eliminaron la necesidad de tomar decisiones en las áreas que no requerían mucha atención. Esta es una mejor manera de evitar la fatiga de las decisiones en la vida y reducir la sobrecarga de información en la mente.

Date un respiro

Es importante que hagas pausas frecuentes dentro de tu jornada laboral. Unos minutos de descanso para reiniciar la actividad después de una hora de trabajo no es una mala idea. No hagas nada durante este tiempo. No hables con tus compañeros de trabajo ni hagas nada más. Simplemente respira profundamente y dale a tu mente unos minutos de descanso. También puedes hacer pequeñas siestas energéticas en estos descansos. Si quieres, camina un poco para dar a tus libras un poco de estiramiento.

El propósito de esta pausa debe ser dar a tu mente un pequeño receso del proceso actual de pensamiento intensivo. Si crees que esto debilitará tu concentración, te equivocas; de hecho, estos descansos pueden mejorar tu concentración y claridad. Estos descansos también ayudarán a tu mente a acostumbrarse a las distracciones activas siempre que sea necesario.

Reducir la carga de la mente

En nuestro día a día nos encontramos con varias informaciones que pueden parecer importantes. La mayoría de las veces, seguimos dándole vueltas a esas ideas de forma subconsciente. Prestamos muy poca atención a esas ideas; sin embargo, esto no significa que esas cosas no afecten al procesamiento de tu mente. Una parte de tu cerebro mantiene esas ideas almacenadas y sigue trabajando en ellas en segundo plano. Todo esto ocurre porque no has liberado a tu mente de la carga de esas cosas.

La mejor manera de abordar esta cuestión es tomar nota de esas cosas cuando se te ocurran. Si no vas a utilizarlas en un futuro próximo, no tiene sentido mantener tu mente ocupada con ellas. Este simple acto le ayudará a reducir la carga de nueva información en su mente.

Si hay algún dato que te haya gustado y que puedas utilizar en el futuro, simplemente escríbelo en una libreta o anótalo en tu smartphone o regístralo en algún otro lugar que te guste. No dejes que simplemente se quede en tu mente como una idea extraña. Es una gran manera de mantener tu cerebro libre para hacer sus tareas habituales.

No hagas varias cosas a la vez

Otro gran problema de esta época es la moda de enorgullecerse de ser multitarea. Una persona puede tener una personalidad dinámica y conocimientos diversos, y eso sería una ventaja. Pero una persona que puede hacer varias cosas al mismo tiempo no puede hacer nada bueno con dedicación.

Las personas que realizan varias tareas a la vez suelen estar haciendo demasiadas cosas sin importancia al mismo tiempo. Su concentración se rompe, y su mente está ocupada con varias cosas al mismo tiempo. Esto significaría que estarían utilizando la mente a su máxima capacidad. Esto podría ser útil en situaciones de estrés en las que se trata de sobrevivir, pero ejercer tanta presión sobre la mente, incluso en circunstancias normales, sólo conduciría a una sobrecarga y no es beneficioso en modo alguno.

Es cierto que nuestra mente es capaz de hacer cosas magníficas. Es poderosa y trabaja constantemente. Por término medio, nuestra mente puede tener unos 50.000 pensamientos y realizar varias funciones al mismo tiempo. Pero, cuando la gente considera estas cifras, no tiene en cuenta la cantidad de actividades que nuestra mente realiza en segundo plano. También tiene la responsabilidad de hacer funcionar la compleja maquinaria que es nuestro cuerpo. La mayoría de las funciones del cuerpo también están controladas por la mente. También se ocupa de todos los recuerdos, tanto los conscientes como los subconscientes. Cuando exiges demasiado a tu mente, sin saberlo, la estás presionando demasiado.

Sobrecargar la mente no es una buena práctica, y debe evitarse en la medida de lo posible.

La sobrecarga de información es una amenaza latente para la mente. La cantidad de presión que ejerce sobre tu memoria consciente no es nada comparada con el impacto que tiene sobre la subconsciente. Los mismos pensamientos pueden seguir dando vueltas en tu mente incluso cuando no piensas en ellos. La mejor manera de afrontar el problema es reducir la sobrecarga de información en la mente y mantenerla lo más relajada posible.

Una vez que se pone la mente en la práctica de dedicarse a múltiples tareas al mismo tiempo, se encontraría realmente difícil concentrarse en una sola tarea cuando se necesita. Tu mente seguirá divagando aquí y allá, y eso puede ser una experiencia muy frustrante.

Capítulo 4: Efectos negativos del exceso de pensamiento

Pensar demasiado puede ser realmente agotador no sólo para la mente, sino también para el cuerpo. La mente es la unidad de control del cuerpo, y si siente la presión, todo el cuerpo no puede evitar tambalearse bajo la presión.

Pensar en exceso tiene un profundo impacto en tu cuerpo, mente y emociones. No sólo le afecta mental y emocionalmente, sino que también provoca un profundo deterioro cognitivo. Durante mucho tiempo, el pensamiento excesivo fue un problema ignorado. Nadie le prestó mucha atención durante mucho tiempo. Sin embargo, ahora las estadísticas cuentan una historia muy escalofriante de hasta qué punto afecta a la gente en general. La Asociación Americana de Ansiedad y Depresión afirma que alrededor de 40 millones de adultos en Estados Unidos sufren trastornos de ansiedad. Se trata de la enfermedad mental más común en Estados Unidos. Se trata de una enfermedad muy tratable, pero sólo el 36,9% de los pacientes que la padecen acuden realmente a recibir tratamiento.

El trastorno de ansiedad es la categoría más amplia, y una serie de problemas como el trastorno de pánico, el trastorno de ansiedad social, diversas fobias, los trastornos obsesivo-compulsivos, el trastorno de estrés postraumático y los trastornos depresivos persistentes se incluyen en esta condición.

El pensamiento excesivo en sí mismo no es una enfermedad, pero puede ser un precursor de muchas enfermedades mentales. Si se deja de lado, el pensamiento excesivo puede convertirse en un problema muy grande para la víctima, ya que puede impedir su vida normal.

Vivir con un cerebro que piensa demasiado es como vivir en una zona de alta sismicidad en un edificio inestable. Siempre tendrá una alta probabilidad de derrumbarse, y el miedo al derrumbe nunca desaparecerá.

Puede que no tenga un impacto significativo en su aspecto físico, pero internamente nunca podrá estar en paz.

Efectos físicos

Drenaje de energía

Pensar demasiado puede hacer que te sientas cansado y aletargado. Este es un signo común que sienten la mayoría de las personas que luchan contra el problema del exceso de pensamiento. La mayoría de las personas experimentan una sensación de pérdida de energía y letargo debido a la fatiga mental. Creen que es simplemente porque están hartos de pensar mucho. Sin embargo, es mucho más profundo que eso.

Cuando estás rumiando mucho, tu cerebro pasa rápidamente por un montón de posibilidades, y la mayoría de ellas son malas. La naturaleza de la mente es mirar los peores escenarios. Esto invoca una respuesta de estrés en el cuerpo. El cuerpo comienza a liberar cortisol, la principal hormona del estrés en el cuerpo. Esta hormona es muy eficaz en muchas cosas. Puede elevar la presión arterial, hacer que los vasos sanguíneos se contraigan y se expandan rápidamente. Puede hacer que te pongas nervioso en un santiamén. El objetivo de esta hormona es suministrarte la adrenalina en una fracción de segundo para que puedas escapar de cualquier escenario de estrés. Pero, como sólo tu mente está haciendo todo el trabajo y no el cuerpo, todo ese subidón simplemente se calma y luego viene el efecto de relajación en forma de letargo. Puede que hayas experimentado un breve periodo de completa nulidad momentos después de que el estrés extremo haya pasado, ese es el momento. Esta es la razón por la que puedes empezar a sentirte agotado de energía y letárgico debido al exceso de pensamiento.

Cambio en el apetito

El exceso de pensamiento puede conducir a la pérdida de apetito. Cuando hay demasiado cortisol en el cuerpo, puede enviar una señal al hipotálamo en el cerebro para que concentre toda la energía en un solo punto y, por lo tanto, es posible que no sientas cosas como el hambre, la fatiga y el sueño. La hormona del hambre, la grelina, es liberada por el cuerpo periódicamente, y no está regulada por la cantidad de comida que tienes en el intestino, sino por la liberación hormonal y el tiempo. La hormona del estrés puede incluso indicar a tu cuerpo que se centre completamente en la supervivencia y el cuerpo también puede sobrevivir con la energía almacenada durante mucho tiempo.

Sin embargo, en el caso del estrés crónico causado por el exceso de pensamiento habitual, la hormona del estrés puede incluso aumentar mucho el apetito. Hay ciertos alimentos reconfortantes como los dulces o los alimentos ricos en carbohidratos que conducen a la liberación de neurotransmisores como la dopamina y la serotonina que pueden hacer que te sientas feliz y ayudar en caso de bajo estado de ánimo. Es posible que quieras seguir acaparando estas cosas, ya que empezarán a proporcionarte el alivio necesario.

Insomnio

El sueño es un estado de relajación del cuerpo. Para poder dormir, el cuerpo tiene que estar en un estado completamente relajado. El estrés y la ansiedad mantienen tu cuerpo excitado. La presión sanguínea y el ritmo cardíaco permanecen elevados, y es posible que te resulte muy difícil conciliar el sueño. Para empeorar las cosas, tu cerebro seguirá pensando en muchas cosas, lo que dificultará aún más el sueño.

Un gran problema de los trastornos del sueño causados por el exceso de pensamiento es que se inicia una cadena de causas y efectos. En primer lugar, no puedes dormir debido al estrés, y luego te estresas más al no poder dormir adecuadamente y al no estar tu cuerpo lo suficientemente descansado. Si el problema del exceso de pensamiento no se aborda a tiempo, puede conducir a trastornos del sueño e insomnio con bastante rapidez.

Efectos mentales

Rutina mental

La rutina mental es un bucle agonizante. Te quedas atrapado en una espiral negativa que simplemente sigue arrastrando a la víctima por la madriguera del pensamiento negativo. Todos los pensamientos que la víctima tiene son para evitar resultados negativos, pero no conducen a ningún tipo de puerta positiva. Toda la energía se destina a evitar los problemas mientras los problemas siguen ahí de cara. El simple hecho de pasar el día se convierte en una lucha para la víctima.

La víctima simplemente elige vivir en modo de negación constante. No aceptar las circunstancias nunca las cambiará. Sólo hará que la víctima esté más indefensa.

Parece un fenómeno poco común, pero te sorprendería saber que la mayoría de los que piensan demasiado son víctimas de este atolladero mental. Son incapaces de encontrar una salida ya que ni siquiera lo intentan.

Deterioro cognitivo

El deterioro cognitivo es otro de los riesgos a los que se enfrentan la mayoría de las personas que piensan en exceso. El exceso de pensamiento afecta al funcionamiento de la mente. La mente se vuelve más insegura y defensiva.

Riesgo de enfermedades mentales

Las enfermedades mentales son muy comunes en las personas que piensan demasiado, ya que su dependencia de la mente aumenta mucho. Sin embargo, en el proceso, no permiten que sus mentes funcionen a su máxima capacidad. La mente simplemente se queda atada a ciertas inseguridades y empieza a formar el mundo a su alrededor.

Pérdida de habilidades para resolver problemas

La pérdida de la capacidad de resolver problemas es otro de los problemas a los que se enfrentan estas personas, ya que su atención no se centra en resolver el problema, sino en evitarlo por completo. Simplemente intentan encontrar una vía de escape. Sin embargo, puedes huir de cualquier cosa, pero son los grilletes que has creado en tu propia mente.

Problemas de memoria

El estrés excesivo causado por pensar demasiado en cosas negativas puede provocar problemas de memoria y emocionales. La víctima empieza a atribuir emociones incluso a las tareas lógicas, y eso compromete sus juicios. La mente está tan centrada en algunas cosas negativas que empieza a ignorar cualquier otro asunto, y eso también conduce a problemas de memoria.

Efectos emocionales

Miedo y ansiedad

La amígdala es el centro del miedo del cerebro. Es el área del cerebro responsable de evocar el miedo y la ansiedad. Cuando se piensa mucho, esta zona se vuelve dominante en su función y hace que se siga sintiendo miedo. Puede que no haya ninguna razón real para temer, pero cuando uno tiene miedo, sus acciones se vuelven más reservadas y, por tanto, la mente siente que es menos probable que realice acciones que puedan invocar una respuesta agresiva. Por lo tanto, la amígdala sigue aumentando la respuesta de estrés y miedo en la mente.

Inacción

La acción llevaría a una reacción, y entonces la mente tendría que volver a elaborar una estrategia para responder. En los hiperpensadores, este sistema funciona a un nivel completamente nuevo. Una mente sobrepensante sigue elaborando estrategias y luego las extrapola. No conduce a ninguna acción real, ya que eso llevaría a una reacción práctica que puede estar fuera del control de la víctima. Por lo tanto, la mente mantiene a la víctima en un mundo virtual en el que se prueban las estrategias para encontrar el enfoque adecuado. Sin embargo, sobre el terreno, no se hace nada. Los que piensan demasiado simplemente siguen pensando, siguen dejando las cosas para mañana porque quieren evitar resultados inciertos o improbables, pero eso sólo conduce a la inacción total.

Efectos en la función cerebral

Impacto en la neuroplasticidad

La neuroplasticidad es un magnífico proceso por el que las células del cerebro se renuevan constantemente. Este proceso es eterno. Esta es la razón por la que antes se llamaba a los mayores de la tribu los sabios. Tenían más experiencia, y aunque sus cuerpos se debilitaran, sus cerebros seguirían siendo totalmente funcionales. Tenían más experiencia en su mano, y por eso eran aptos para aconsejar.

Pensar demasiado lleva a un estrés excesivo, que tiene un efecto negativo en la regeneración de nuevas células cerebrales. De hecho, el cerebro puede convertir una sustancia química llamada glutamato en una neurotoxina que puede empezar a matar las células cerebrales. Comienza a crear radicales libres en el cerebro que crean agujeros en las paredes de las células cerebrales. El insomnio, la adicción al alcohol y el abuso de sustancias son algunos de los problemas que pueden originarse debido a este problema.

Trastornos neurodegenerativos

Los trastornos neurodegenerativos son aquellos en los que las células del cerebro empiezan a perder lentamente su estructura. La ciencia ha demostrado que una producción excesiva de cortisol puede interferir en la generación de nuevas neuronas o células cerebrales, lo que en última instancia conduce a la reducción del cerebro. El cerebro también empezaría a perder su capacidad de recordar cosas y funcionar correctamente. La demencia es uno de los tipos más comunes de trastornos neurodegenerativos que pueden tener lugar debido a la constante rumiación y preocupación.

Capítulo 5: El control de la mente

Pensar en exceso es un problema complejo, pero la solución a este problema es sencilla. Para pensar en exceso, sólo hay que dejar de pensar en cosas negativas. La mayoría de la gente tiene miedo de todo el proceso de pensar. Encuentran sus mentes tan agitadas que quieren poner fin al constante parloteo en sus cabezas. Afortunadamente, eso no es necesario ni posible.

Sólo se puede poner fin a los pensamientos de su mente cuando ésta deja de funcionar por completo, y para entonces, con toda seguridad, incluso la persona en cuestión también dejaría de existir.

Un cerebro pensante es algo bueno. Un cerebro que piensa demasiado es incluso mejor. Llamamos genios a las personas con mentes así. El problema comienza cuando la mente empieza a pensar en exceso en cosas negativas o en las que no nos agrada reflexionar.

Existe la posibilidad de que la mente piense en la dirección correcta o en la dirección equivocada. Desgraciadamente, la mente elige la dirección equivocada, y eso conduce a todos los problemas. La solución a este problema no consiste en detener la mente por completo. Simplemente hay que entrenar a la mente para que cambie su rumbo y piense en la dirección correcta.

Antes de empezar a trabajar en la solución, es muy importante que entiendas claramente el problema. Correr en la dirección equivocada muy rápido no te llevará en la dirección correcta. En última instancia, tendrás que cambiar el curso de acción.

El proceso será lento y tendrás que ser persistente. La mente puede ser muy resistente. Ejercerá más control. Pero, al final, si muestras algo de perseverancia, este problema puede corregirse.

Hay varias maneras de hacerlo. Desde las técnicas hasta las correcciones, este libro cubrirá todos los aspectos para superar el problema del pensamiento excesivo.

El primer paso en la dirección correcta es aprender a controlar la mente. Tendrás que hacer algunos cambios fundamentales en tu forma de pensar para poder salir del ciclo del miedo y la ansiedad.

Superar el desorden mental

Despejar la mente es esencial si quieres que tu mente piense de forma positiva. Una mente abarrotada de mil cosas seguirá proporcionando forraje negativo. Puedes disipar una, sin embargo, y antes de que haya desaparecido, la nueva surgirá como los zombis.

El desorden mental también te hace sentir atado a las cosas. Llevas una carga desconocida y no sabes su valor.

Por una vez, siéntate y tabula las cosas o pensamientos que te causan problemas. Enfrentarse a ellos es la única manera de formar una estrategia para sofocarlos.

Ordenar el desorden mental es una parte importante para entender las cosas que están causando el problema. Debes entender que no es tu mente la que está causando el desorden. La mente es simplemente un amplificador. Simplemente reproducirá las cosas que pongas dentro de ella. Si mantienes cosas inútiles listas para ser introducidas en la máquina, el producto nunca será según tu deseo.

Poner la casa en orden es imprescindible. Todos los pensamientos de la mente no pueden ser importantes, y tampoco todos los pensamientos pueden dar miedo. Sin embargo, si no conoces el número exacto de los que dan miedo, lo temerás todo.

Corta el desorden mental y encuentra las cosas que realmente te molestan. Lo que no tiene importancia debe ser empujado al olvido. Todos tus miedos e inseguridades deben estar claros frente a ti.

Cultivar el optimismo mediante respuestas positivas a los pensamientos repetitivos

El miedo y la ansiedad funcionan como el combustible de la negatividad. Cuanto más temes, más oscuro se vuelve. No puedes combatir el miedo con ira. Dos negativos no hacen un positivo. La única manera de invocar la positividad es cultivar el optimismo.

Si has fracasado dos veces en algo y te has enfrentado a una humillación pública, tu mente hará todo lo posible para convencerte de que no vuelvas a intentarlo. Puede empezar a repetir todos los momentos humillantes en un bucle. Esto puede ser desalentador.

La mente intenta convencerte de que no eres lo suficientemente bueno en lo que intentas hacer.

La agresión, la frustración, la ira o la huida no pueden ser las respuestas. Tu respuesta debe ser que eres lo suficientemente bueno, y que puedes hacerlo aún mejor. Este no ha sido tu mejor intento.

Hay una hermosa cita,

El fracaso no es el final de tu historia,

Es el comienzo de su historia de regreso.........

En todos los aspectos de la vida, tu respuesta a cada pensamiento estresante debe ser positiva. Esta positividad te devolverá la confianza y el encanto. Te ayudará a ganarte a ti mismo desde tu mente.

La negatividad puede empujarte a los rincones oscuros de la autocompasión. Puedes tener pensamientos de autorrechazo. Puedes sentir que nadie te quiere ni se preocupa por ti.

El hecho es que si no puedes amarte a ti mismo, cómo puedes esperar que los demás hagan lo mismo. Quiérete a ti mismo. Conoces los aspectos positivos de tu propia personalidad. Explóralos.

Para luchar contra la oscuridad extrema, no se necesitan focos. Incluso una simple chispa es suficiente para sacudir el imperio de la oscuridad. Recuerda siempre que la oscuridad es frágil. Puede parecer completa y abrumadora, pero incluso una pequeña chispa de luz puede hacerle un hueco.

No necesitas encontrar muchas cosas para superar este ciclo de pensamientos negativos. Empieza por encontrar una cosa que te haga querer, y seguro que podrás encontrar muchas. Verás que luchar contra la oscuridad no es tan difícil.

Cultivar el optimismo en tu pensamiento es una estrategia ganadora que deberás adoptar.

Piensa en algo nuevo

Hay algunos comentarios a los que no tenemos respuesta. La mente intenta llevarnos a cosas de las que no podemos recuperarnos. Puede que no encuentres suficiente optimismo para superarlo.

Entonces, ¿te rindes?

Pero, ¿por qué hay que jugar con los términos de la mente? A veces es mejor sentarse y relajarse.

Desviarse de un pensamiento negativo es la mejor manera de evitar quedar atrapado en los procesos de pensamiento negativos. Si tu mente te arrastra hacia cosas realmente deprimentes, intenta pensar en algo completamente diferente.

Piensa en algo que realmente te haga sonreír. Participa en una actividad que sea completamente absorbente.

Esto puede parecer difícil en este momento. Pero, créeme, es algo fácil de hacer. Sólo requiere algo de práctica y determinación para romper el bucle interminable de pensamientos.

Encuentra cosas que sean lo suficientemente poderosas como para distraerte de la negatividad. Puede ser un pasatiempo, tu mascota favorita, cualquier otra cosa en la que te guste pensar, simplemente piensa en esas cosas cuando tu mente empiece a correr hacia la negatividad, y te resultará fácil romper la cadena de pensamientos.

Aprender a vivir el momento

Uno de los mayores problemas de esta época es que hemos empezado a vivir en modo de piloto automático. La mayoría de las cosas que hacemos son habituales. Cuando haces cosas por costumbre, no es necesario pensar mucho. Puedes seguir con ese acto mientras tu mente está ocupada maquinando otra cosa.

Esto significa que la mente tiene mucho tiempo libre. Hay una gran cantidad de tiempo en el que no se utiliza la mente de forma activa. Este es el momento; el cerebro comienza a jugar con los pensamientos.

Nos hemos hecho la vida demasiado fácil y cómoda. Tampoco nos gusta enfrentarnos a demasiados retos en la realización de las tareas cotidianas de nuestra vida, y eso ayuda a mantener la mente en modo de piloto automático.

No siempre fuimos así. Para nuestros ancestros, el enfoque claro era una necesidad. La falta de concentración podía hacer que los mataran. Hoy en día, hay muy pocas cosas que requieran tanta atención.

Incluso mientras conduces un coche en una carretera llena de tráfico, estás haciendo una docena de cosas. Estás escuchando música en el equipo de música; incluso puedes hablar con un amigo sentado a tu lado. Sigues mirando al exterior, pero no necesariamente para sortear el tráfico, sino para encontrar algo de interés. Durante todo este tiempo, la mente puede seguir ocupada pensando en algo que ocurrió hace una semana en la oficina y en la respuesta que debería haber sido adecuada a la situación pero que no salió de ti.

Todo esto es posible porque nos hemos acostumbrado a este acto sin sentido de estar en modo de piloto automático. Olvidamos que somos esencialmente una vida próspera que nunca fue concebida para vivir la vida de un robot.

Rara vez prestamos atención a las cosas que hacemos y decimos en ese momento. Nuestra mente hace todas las cuentas más tarde y luego nos reprende. La semilla del pensamiento excesivo se siembra debido a nuestra excesiva dependencia de este estilo de vida de funcionamiento habitual.

En el momento en que empieces a vivir con atención y prestes la debida atención a las cosas en ese mismo momento, el ciclo de pensar demasiado en esa cosa, más tarde, llegará a su fin, ya que concluirás los asuntos en ese momento, y por lo tanto no habrá karma residual.

La vida consciente es una buena manera de romper el ciclo del pensamiento excesivo. Te da un mejor control de la mente, y eres capaz de pensar con más claridad y criterio.

Comprender la importancia de la perspectiva

La mayor parte del proceso de pensamiento excesivo es el resultado de una identificación errónea. Nos sentimos identificados con ciertas cosas de la vida, y eso nos pone en compartimentos. Empezamos a hacer comparaciones a partir de ahí y empezamos a calcular la inutilidad de nuestras vidas.

Desde los primeros días de la crianza, se nos enseña a tener objetivos. Nos fijamos metas en la vida y luego las subdividimos en hitos. Una cosa creada para nuestra conveniencia se convierte finalmente en nuestro destino. No somos más que esos objetivos. Nuestras esperanzas, aspiraciones, alegrías y los miedos más profundos y oscuros están ligados a esas metas. Esta es una gran causa del problema.

Nos fijamos objetivos más pequeños y luego nos volvemos demasiado rígidos con ellos. Los objetivos más pequeños también significan que nuestra perspectiva se estrecha. Nos vemos incapaces de ver el gran esquema de las cosas. Cuando otra persona intenta hacer algo así, la llamamos lunática.

Si no quieres que algunos pensamientos te dominen por completo, amplía tu perspectiva. No te sientas identificado con cosas pequeñas o intrascendentes que se limitan sólo a ti. Piensa de forma más amplia y verás que pensar en tus problemas no seguirá siendo un problema. Es una buena manera de salir del problema del exceso de pensamiento.

Aprender a lidiar con la incertidumbre

Dicho y hecho, no hay forma de eliminar todas las incertidumbres de este mundo. De hecho, ni siquiera esta gran tierra azul es inmune a las incertidumbres. La creación de este mundo es el resultado de esas incertidumbres.

Cuando hacemos algo, no hay manera de controlar el efecto. Como mucho, se puede especular con el efecto. Siempre hay varios factores externos en juego. Sin embargo, cuando has aceptado el hecho de que puede haber incertidumbres en el camino, lidiar con ellas se vuelve fácil. No es que las incertidumbres se ablanden en ti, simplemente te vuelves más abierto al cambio.

Aprende a vivir con ello. No hay otra forma de sobrevivir.

Dejar que el futuro sea

Esto no es más que la continuación del punto anterior. Cuando aceptas el hecho de que el resultado puede ser diferente de lo que esperas, es más fácil dejar que el futuro sea. No intentas cambiar nada y te adaptas.

Se sale de la falacia lógica de la paradoja del abuelo. Las cosas en este mundo pueden existir independientemente. La causa del efecto en un momento dado puede parecer significativa, pero puede no ser perjudicial en la realidad.

Lo mejor es simplemente dejar que el futuro sea. No intentes alterarlo según tu diseño. La adaptación es la forma correcta de sobrevivir. Es imposible que hayamos llegado hasta aquí cambiando todo según nuestros caprichos.

No procrastine indefinidamente

Las personas que piensan demasiado tienen tendencia a dejar las cosas para más tarde. Su mente está probando las cosas virtualmente, y por eso no consideran necesaria ninguna acción física. Sin embargo, cuanto más tardes en hacer un movimiento, más fuerte será el agarre del pensamiento excesivo. Si realmente quieres dejar de pensar en exceso, aprende a pasar a la acción inmediatamente. Si crees que le darás a tu mente el tiempo de un día para que se prepare para pasar a la acción y estará de acuerdo, te equivocas. Encontrará formas de convencerte de que no actúes.

La mejor salida es pasar a la acción lo antes posible. La acción llevará a la causa y al efecto, y tendrás que responder, y por lo tanto superarás la etapa de darle demasiadas vueltas en la mente.

Capítulo 6: Cómo superar la ansiedad y el pánico: cómo vencer el pensamiento excesivo

El efecto más común del exceso de pensamiento es la ansiedad. Es un estado de inquietud, miedo y angustia que desconcierta por completo a la víctima. Una persona que trabaja normalmente puede empezar a comportarse de forma intranquila. Comienza con un ligero malestar y, si no se controla, puede madurar hasta los ataques de pánico.

Los signos de ansiedad son:

- Sientes que tu corazón late a un ritmo inusualmente rápido
- Su respiración se vuelve rápida
- Experimentas mareos
- Puedes sentir las mariposas en tus entrañas
- Empieza a sentirse visiblemente agitado
- Empiezas a tener miedos irracionales

- Sería imposible que te concentraras en una cosa concreta que no sea la que te preocupa
- Puede que incluso sientas que tus músculos se tensan
- Hay una repentina inquietud en tu interior
- Hay algo dentro de ti que quiere evitar las cosas que se espera que ocurran

Si has sentido estas emociones, entonces entiendes perfectamente lo que es la ansiedad y el tipo de impacto que tiene en la mente. La ansiedad no es una condición diagnosticable. Simplemente sientes su presencia dentro de ti.

Varios factores, como la química del cerebro, el entorno y la genética, pueden contribuir al desarrollo de la ansiedad. Sin embargo, tu estado mental seguirá siendo el principal factor que contribuye a la existencia de esta enfermedad.

Tres áreas cerebrales que desempeñan un papel clave en la provocación del estrés y la ansiedad

La amígdala: Es un área con forma de almendra en el centro del cerebro que es responsable de invocar sentimientos de miedo y ansiedad. Esta parte desempeña un papel clave en el procesamiento de las emociones, y cuando uno se siente muy estresado, invoca el miedo y la ansiedad como mecanismo de protección. Detecta las amenazas y alerta al cerebro de las señales de peligro. Esta es la parte del cerebro que responde a diversos desencadenantes de la ansiedad. Por ejemplo, si una persona ha tenido alguna vez un accidente por ahogamiento, esta parte del cerebro seguirá invocando el miedo a ahogarse cada vez que la víctima se acerque a una masa de agua. Todo el ejercicio es para salvar a la víctima de ahogarse alguna vez, pero es un enfoque escapista. El desencadenante puede ser cualquier episodio desagradable registrado en la memoria de la víctima.

El hipocampo: Es una estructura cerebral compleja que se encuentra en lo más profundo del lóbulo temporal. Esta parte del cerebro se encarga de registrar todo tipo de recuerdos, tanto a corto como a largo plazo. En esta parte del cerebro se almacenan los recuerdos de acontecimientos traumáticos y que ponen en peligro la vida, así como los recuerdos desagradables. Los problemas en esta zona pueden provocar diversos trastornos mentales. El estrés excesivo y los traumas infantiles pueden provocar la contracción de esta parte del cerebro, lo que puede complicar aún más los problemas.

Hipotálamo: Se trata de una zona del cerebro muy activa. Actúa como centro de mando. Escucha varias señales enviadas por el cuerpo en forma de hormonas y señales químicas. Luego comunica estas señales en forma de hambre, saciedad, miedo, dolor, etc. La respuesta de lucha o huida que se siente durante la ansiedad es creada por esta parte del cerebro.

Puede haber varios desencadenantes que provoquen ansiedad. Un desencadenante es un estímulo externo que el cerebro recibe a través de varios sentidos. Trae a la memoria los acontecimientos traumáticos del pasado, y varias secciones del cerebro se ponen a trabajar para crear la respuesta de huida o lucha.

Cada persona puede tener diferentes desencadenantes de ansiedad. Puede haber acontecimientos, situaciones, personas o cosas que desencadenen la ansiedad.

Eventos desencadenantes comunes:

- Observar a alguien con dolor agónico, ira o un estado de miedo
- Mirar a alguien que se parece a un atormentado en el pasado o que tiene rasgos similares
- Un lugar con vínculos con cualquier incidente traumático
- Cualquier olor que le recuerde el incidente traumático

La ansiedad puede tener un efecto paralizante. El cerebro simplemente se vuelve indefenso. Escapar empieza a parecer el mejor recurso en ese momento.

El trastorno de ansiedad es uno de los problemas mentales más comunes a los que se enfrentan los estadounidenses. En la actualidad hay más de 40 millones de personas que sufren trastornos de ansiedad de diversos tipos. Se trata de una afección muy tratable, pero la mayoría de las personas nunca se recuperan de ella porque no buscan ayuda.

Como se ha explicado anteriormente, si no se aborda, el estrés y la ansiedad excesivos pueden afectar al funcionamiento del cerebro. Puede reducir varias partes del cerebro y perjudicar la memoria y otras capacidades cognitivas.

La ansiedad puede perjudicar el funcionamiento normal de una persona, ya que el miedo desconocido se queda con la víctima para siempre. La incertidumbre se convierte en parte de la vida, y la gente empieza a rehuir la exposición pública desenfrenada.

La mayoría de las cosas que provocan ansiedad no son amenazas reales. Es la mente la que trata de meterte en un capullo protector. Hay varias formas de contrarrestar el estrés y la ansiedad de forma eficaz.

Formas de afrontar la ansiedad

Mindfulness

Mindfulness es un concepto fenomenal para ayudar a permanecer en el presente. A todos nos gusta creer que vivimos en el presente, pero eso no es correcto. Vivimos en un mundo identificado con varias cosas y recuerdos que lo respaldan.

Por ejemplo, si eres una persona de éxito, puedes esperar que la gente te salude cuando te conozca. Esto se debe a que te identificas con tu posición y sientes que te impone ese respeto. Cuando alguien que esperas no saluda, se inicia el proceso de reflexión sobre la importancia de ese hecho. Normalmente, el saludo no habría significado nada para ti. Pero, como te sientes tan identificado con tu posición, la ausencia de saludo puede empezar a parecer un cuestionamiento a tu autoridad. Los pensamientos y los recuerdos también desempeñan un profundo papel en toda esta mezcla.

Este acontecimiento seguirá corriendo en tu mente mucho tiempo después de que te hayas ido de ese lugar. No se queda en una simple cuestión de no saludarte más. También puede empezar a crear dudas sobre ti mismo, y puedes empezar a cuestionar tu relevancia y tu posición.

Todo esto ocurre porque todo el proceso se desarrolla en la mente. Se dice o se expresa muy poco. La mente simplemente está interpretando los eventos según su estado y condicionamiento actual.

Cuanto más te identifiques con las cosas de este mundo, mayor será el flujo de pensamientos. Empezamos a vivir en esas identidades virtuales. Nuestras identificaciones crean apegos a ciertas ideas, y eso lleva a toda esta fricción. Cuanto más nos sintamos identificados con ciertas cosas en la vida, mayor será nuestro sentido de juicio al empezar a crear especificaciones. Habrá rigidez y dogma. Nuestra perspectiva se limitará. No habrá aceptabilidad en nuestra actitud ya que dejamos de ver las cosas como son porque queremos verlas según nuestras creencias.

La atención plena es el arte de vivir en el presente. Te ayuda a mirar las cosas tal y como son sin el cristal del juicio. No te formas nociones preconcebidas sobre las cosas. Te mantienes abierto a lo nuevo. Esto te hace flexible y reduce las posibilidades de fricción.

5 principios básicos de la atención plena

Desapego: Es una forma de vivir que te ayuda a mantener el desapego. Para vivir en este mundo y disfrutar de él, no necesitas sentirte identificado con él. No es necesario categorizar las cosas como buenas o malas. La forma en que miramos las cosas puede cambiar la forma en que se comportan para nosotros.

Una vez, dos profesores paseaban por los terrenos de su universidad. Uno de ellos miraba la deslucida tarde de invierno en la que el Sol no brillaba con fuerza y sentía que era un día tan aburrido. El otro profesor era ciego, por lo que no podía ver el Sol, pero podía sentir el calor del Sol sobre sus hombros y sentía que era un día tan maravilloso. Ambos estaban en el mismo lugar, pero no miraban al Sol con la misma perspectiva.

Cuando nos identificamos demasiado con las cosas, empezamos a juzgarlas basándonos en nuestras experiencias pasadas y no en su mérito. Siempre hay una suma y una resta. Tienes puntos de referencia fijos. Sigues reviviendo esas experiencias y recuerdos pasados. El problema con los recuerdos es que son una cosa del pasado. Si son buenos, no puedes tenerlos ahora, y siempre seguirán arruinando tu experiencia actual con la comparación.

En una forma de vivir desapegada, simplemente juzgas las cosas en el camino, las experimentas en ese momento. No las calificas según tus experiencias pasadas. Esto hace que cada experiencia sea única. Puede aumentar la alegría en la vida y darte una mayor posibilidad de sentir satisfacción.

Actitud sin prejuicios: La mayor razón de nuestra infelicidad es nuestra actitud sentenciosa. Juzgamos todo sobre la base de nuestras experiencias pasadas. Lo etiquetamos todo y luego nos hacemos creencias firmes sobre las cosas que pueden hacernos felices y tristes. Estas clasificaciones tienen poco que ver con la forma en que las cosas resultan realmente. La atención plena consiste en experimentar las cosas tal y como son, sin juzgarlas sobre la base de viejas ideas.

Vivir el presente: La mayoría de las personas nunca dejan atrás el pasado. Se aferran mucho al pasado. Por ello, nunca son capaces de disfrutar de su presente. Siguen trabajando duro para que su futuro sea como su pasado, incluso mejor que él. Sin embargo, echan de menos el presente. Casi todos nosotros entramos en esta categoría. Nos pasamos la vida trabajando para llegar a nuestra jubilación, sabiendo perfectamente que no hay ninguna seguridad de que vayamos a estar allí para disfrutarla ni de que las cosas que hacemos vayan a importar entonces. Es importante que cada momento que pases sea memorable y significativo. Vive para disfrutar de cada momento de la vida.

Aceptación: Nos hemos vuelto muy rígidos en nuestras creencias. Nos molesta cualquier tipo de desviación. La mayoría de las personas nunca son capaces de aceptarse tal y como son. Siempre están en una búsqueda constante para cambiarse a sí mismos por una imagen que se vea mejor. Esta actitud sólo trae infelicidad y descontento. Cuando intentas ir contra la naturaleza sin razón, los resultados nunca son muy agradables. La atención plena te ayuda a aceptar todo como es. Trabajar para mejorar es algo totalmente diferente, pero aborrecer algo no puede formar parte del plan, ya que conduciría al estrés y la ansiedad.

Apertura: La conciencia es la idea de dejar de lado las ideas rígidas y abrirse a nuevas cosas y experiencias. No te aferras a ciertos sistemas de creencias porque te los han enseñado o porque has visto a la gente seguirlos. Te mantienes abierto a nuevas experiencias.

La atención plena es una práctica muy sencilla, ya que requiere que hagas muy poco. No tienes que cargar con ningún equipaje. Sólo tienes que ser consciente de las cosas tal y como suceden. Cuando caminas, simplemente no mueves las piernas que te llevan al desplazamiento, sino que experimentas el movimiento y lo sientes. Cuando comes algo, no juzgas la comida sobre la base del sabor que debería tener. Sientes el sabor cada vez que lo comes. Prestas mucha atención a todos los aspectos de la vida.

Como es una forma tan sencilla de vivir la vida, a la mayoría de la gente le resulta muy difícil. Es una práctica poderosa que se sigue en todas y cada una de las cosas que se hacen en la vida. Esto es lo que lo hace difícil, ya que estamos acostumbrados a hacer las cosas en modo de piloto automático o sin pensar.

Sin embargo, la práctica de la atención plena puede ayudarte a dejar el equipaje del pasado. Dejas de juzgar las cosas sobre la base de nociones preconcebidas. Te vuelves consciente de cada respiración que haces y empiezas a disfrutar de cada momento tal y como viene.

No etiquetas las cosas. Dejas de dar demasiada importancia a las cosas tal y como son.

Esta práctica puede disminuir el estrés, la ansiedad, la depresión, la fatiga, la irritabilidad y la reactividad emocional. Puede poner fin a la rumiación constante, ya que permite mantener la mente abierta. Cuando dejas de juzgar las cosas en función de las experiencias pasadas, hay menos posibilidades de que la ansiedad se origine en los desencadenantes emocionales.

La atención intencionada se convierte en una parte importante de tu vida. No dejas que las cosas pasen sin experimentarlas en su justa medida. Te vuelves más centrado y atento.

Si quieres reducir el estrés y la ansiedad en la vida, practicar mindfulness puede darte una buena base, para empezar.

Visualización

La visualización es una forma estupenda de reducir el estrés y la ansiedad. La causa principal de la ansiedad es la concentración excesiva en algunas emociones negativas. Simplemente se queda enganchado a la negatividad y no le permite salir de ella. Un problema importante aquí es que hay tantas emociones negativas que no permiten que los pensamientos positivos vengan a tu mente.

La visualización puede ser una gran ventaja en estos casos. Se trata de una práctica sencilla que consiste en visualizar algo dulce y placentero que siempre has deseado pero que no relacionas con fuerza. Te aleja de las emociones negativas y le da a tu mente la distracción necesaria.

Tienes la oportunidad de visualizar las cosas que realmente te gustan, y te traen emociones positivas a tu mente.

Es una práctica muy fácil, y hay varias herramientas que pueden ayudarte. Puedes escuchar visualizaciones guiadas cada vez que te sientas ansioso, y eso te ayudará a alejar tu mente de los desencadenantes negativos.

Cuando visualizas escenarios agradables, realmente eres capaz de verlos desde los ojos de tu mente. Ver es creer, y tu mente es capaz de cambiar de pista fácilmente. Recuerda siempre que la positividad es lo único que puede ayudarte en la oscuridad desesperante de la negatividad.

Las simples emociones de amor, belleza, naturaleza y compasión pueden ayudar a tu mente a pensar positivamente.

El alcance de la visualización es muy amplio, y puede convertirse en una poderosa herramienta para combatir el estrés y la ansiedad.

Técnica de la Libertad Emocional

La mayoría de la gente no se da cuenta, pero la causa de la mayoría de sus problemas físicos y mentales radica en el desequilibrio de la energía en su interior. Somos más que el cuerpo. Nuestras emociones, la energía vital y el físico funcionan en una sincronización única. Cuando cualquier parte de este sistema se desequilibra, sufrimos en conjunto. Esta es la razón por la que la mayoría de las prácticas de medicina oriental también se basan en la curación energética. Las prácticas curativas como la acupuntura y el reiki pueden tener un profundo impacto en la corrección de estos desequilibrios.

La Técnica de Liberación Emocional (ETF) del Tapping también funciona con principios similares. Es una técnica que se ha utilizado para tratar a soldados que sufren trastornos de estrés postraumático, y ha demostrado ser muy eficaz.

Mientras que para la acupuntura y el reiki tendrás que acudir a un experto, puedes hacer tú mismo el tapping ETF en cualquier lugar y bajar tus niveles de ansiedad. Incluso en el caso de que una persona vaya a tener un ataque de pánico en toda regla. Este tapping puede ayudar a bajar el nivel de estrés y ansiedad y prevenir el ataque de pánico.

La ETF es muy eficaz y es muy fácil de realizar. Puedes personalizar todo el proceso según tu necesidad y sentir que tu nivel de ansiedad baja a medida que lo practicas en momentos de necesidad.

La ETF se realiza en ciclos. Con cada ciclo, tendrás que evaluar el nivel de ansiedad que sientes, y puedes seguir repitiendo los ciclos hasta que empieces a sentirte cómodo.

Mediante este proceso, se abordan las emociones negativas que pueden estar contribuyendo al estrés y la ansiedad. Al hacer tapping en varios puntos meridianos del cuerpo, se permite que la energía del cuerpo fluya más libremente. Esto ayuda a restablecer la fluidez de las emociones, y su estado de ánimo también empieza a mejorar.

Los estudios han demostrado que el restablecimiento de la fluidez de la energía en el cuerpo tiene un impacto muy positivo en los estados de ánimo y las emociones. Las personas que se someten a un tratamiento de acupuntura experimentan una mejora en su estado de ánimo después de las sesiones. Cuando la energía del cuerpo fluye sin problemas, ayuda a disipar las emociones negativas que se hacen más fuertes debido a un bloqueo en el camino del flujo energético. Los puntos de los meridianos que se tocan ayudan a abrir las vías neuronales que pueden ayudar en el proceso.

Hay 5 pasos principales para el tapping de la ETF. Es importante que preste atención a cada paso, ya que cada paso es importante y ayuda a reducir la ansiedad.

1st Paso

Identificar el problema que provoca la ansiedad

Puede haber varias cosas que te lleven a la ansiedad. Sin embargo, si tratas de abordar todas las cosas que te hacen sentir ansioso al mismo tiempo, no sería tan efectivo.

Es importante que identifiques la emoción más fuerte que te hace sentir ansiedad en ese momento. Si también hay otros problemas más fuertes, puedes abordarlos por separado.

Puede mejorar el resultado del proceso si aborda cada cuestión a su debido tiempo.

2ⁿᵈ Paso

Identificar la intensidad de la ansiedad

Antes de comenzar el tapping de la ETF, es importante que cierres los ojos brevemente e intentes evaluar el nivel de ansiedad que sientes en ese momento. Califique su nivel de ansiedad en una escala de 0 a 10. Es importante que conozca el nivel de ansiedad antes de empezar para que pueda ver el efecto calmante que está teniendo y saber el número de ciclos que tendrá que realizar el tapping. Si comienza sin escalar el nivel de ansiedad que siente, tendrá dificultades para evaluar su progreso.

3rd Paso

La configuración

El tapping de la ETF sigue un enfoque doble. Mientras que el tapping ayuda a desbloquear las vías neuronales, las afirmaciones positivas y tranquilizadoras ayudan a equilibrarte emocionalmente.

En el tercer paso, tendrá que establecer una frase de configuración que le ayudará a abordar el problema, causando estrés y ansiedad.

Esta frase de configuración debe tener simplemente dos partes principales:

1. Debe reconocer directamente el problema al que se enfrenta
2. En esta declaración, debes aceptarte y animarte a pesar de todos los problemas

Por ejemplo, si te sientes muy asustado por algo, reconoce tu miedo en la primera parte de la afirmación. En la segunda parte, acéptate a ti mismo a pesar de tus miedos y defectos y tranquiliza a tu mente diciéndole que saldrás adelante.

Su declaración de configuración puede ser algo así:

Aunque tenga miedo y ansiedad, me acepto completamente y saldré de ello.

Quiero huir de todo esto, entiendo que tengo miedo, pero saldré de esto, me acepto.

Me siento perdido en este momento, pero encontraré mi camino. Me quiero y acepto los sentimientos que tengo en este momento.

Como individuo, puedes tener tu propia declaración de configuración que aborde el problema más importante al que te enfrentas en ese momento. Intenta que el enunciado sea sencillo y más centrado. Además, recuerda que tu declaración de configuración debe tener únicamente tu problema como argumento central. Incluir los problemas a los que se enfrentan los demás no funciona aquí. No se trata de una oración; es una forma de sanar tu mente.

4th Paso

La Secuencia de Golpeo de la ETF

En esta parte, tendrás que golpear el punto del meridiano que se explica a continuación. Puedes golpear los puntos con los dedos índice, medio o ambos si quieres. Incluso si quieres utilizar más dedos, no dudes en hacerlo. El golpeteo no tiene que ser muy fuerte; recuerda que algunas partes son sensibles, y puede doler si golpeas demasiado fuerte. Simplemente tienes que estimular esas partes mediante el golpeteo para que se abran las vías neuronales.

Hay 9 puntos de meridianos que vas a golpear en este paso son:

Mano (Karate Chop): Es el lado de la palma de la mano por debajo del dedo meñique. Es la parte de la mano que se utiliza para dar golpes de karate. Esta es la razón por la que se llama golpe de karate. Usando los dedos de la mano opuesta, golpea en esta superficie.

El borde interior de las cejas: Tendrás que dar unos golpecitos en el centro de las cejas, justo por encima del puente de la nariz.

Lado de los ojos: Es el borde exterior de los ojos donde terminan las cejas. Será la parte entre las cejas y la sien.

Bajo los ojos: Es la zona debajo de los ojos donde está la parte dura del pómulo.

Bajo la nariz: Es la zona que se encuentra justo debajo de la nariz y en el centro del labio superior.

Mentón: Es la zona del centro justo debajo del labio inferior y por encima de la barbilla

Inicio de la clavícula: Es la zona donde comienzan las clavículas

Axilas: Esta zona se encuentra aproximadamente a 10 centímetros por debajo de las axilas.

La parte superior de la cabeza: Es la coronilla de la cabeza. La parte más alta.

Estos son los 9 puntos que vas a tocar. Simplemente tienes que golpear cada punto 7 veces mientras te concentras en tu frase de configuración.

En el primer ciclo, debes intentar reconocer el problema plenamente. No huyas de él. Si tienes miedo, reconócelo. No te limites a decir que tienes miedo. Menciona todas las cosas que te hacen sentir miedo y ansiedad. Este reconocimiento ayuda a cambiar la perspectiva del problema. Una vez que has reconocido el problema en su totalidad, éste pierde su fuerza. Cuando reconoces el problema con sus detalles vívidos, el sistema energético del cuerpo también se pone en marcha. Este reconocimiento también ayuda a reunir la cantidad adecuada de energía para disipar los miedos y las ansiedades.

En el segundo ciclo de tapping, puedes empezar a expresar tu intención. Dígale a su sistema energético las cosas que quiere con respecto a este problema. Diga las cosas que quiere sentir en ese momento. Expresa los deseos de tener los sentimientos o rasgos que pueden ayudar a resolver los problemas que estás enfrentando.

En el tercer ciclo de tapping, simplemente expresa tu aceptación del estado en el que te encuentras actualmente. Bueno o malo, este es tu cuerpo. Todo lo que sucede dentro de ti es parte de ti. Tendrás que aceptar todas las cosas. Es importante que te aceptes tal y como eres.

En el cuarto ciclo, expresa algo de amor y compasión por ti mismo. Seguro que te lo mereces. Piensa en todos los rasgos positivos que posees y que pueden ayudarte con este problema. Expresa el amor por los sentimientos que quieres tener. Tu profundo anhelo de tener esos sentimientos. Esto ayudará a que tus energías te acerquen a esos sentimientos.

En el quinto ciclo, simplemente sé agradecido. La gratitud es una emoción muy poderosa. Si se expresa con profunda emoción puede ser abrumadora y tiene poderes curativos. Expresa tu gratitud al cosmos por proporcionarte el poder de superar los problemas. Da las gracias. Piensa en todo lo que te ha ayudado en el proceso.

Deberá realizar la secuencia de golpeo de la siguiente manera:

Debe comenzar dando unos cuantos golpes en la chuleta de karate de su mano. No es necesario golpear el golpe de karate en cada ciclo. Simplemente comience con él y luego siga la secuencia de golpes en el mismo orden que se indica a continuación:

1. El interior de las cejas
2. Lado de los ojos
3. Bajo los ojos
4. Bajo la nariz
5. Chin
6. Clavícula
7. Bajo el brazo
8. La parte superior de la cabeza

Es necesario completar 5 ciclos de golpeo en esta secuencia.

5th Paso

Reevalúe la intensidad de las emociones que siente

La ETF es una forma muy poderosa de reducir el estrés y la ansiedad. Sin embargo, el impacto puede ser a un ritmo diferente para cada individuo. Por lo tanto, una vez que hayas completado los 5 ciclos de tapping, relájate. Ahora concéntrese en su interior y vuelva a evaluar sus sentimientos. En una escala de 0 a 10, intente juzgar el nivel de ansiedad que siente. La escala de 0 es estupenda, pero cualquier cosa por debajo de 5 es buena. Si te sientes muy ansioso, puede que necesites unas cuantas rondas más de tapping para calmarte. Sin embargo, debes evaluar tu progreso después de completar los 5 ciclos cada vez.

El tapping de la ETF ha demostrado su eficacia para rebajar la ansiedad incluso en personas que sufren trastornos de estrés postraumático, por lo que su efectividad para rebajar la ansiedad es incuestionable. Lo mejor de esta técnica es que no necesitas ningún tipo de ayuda, configuración o preparación para realizarla. Puedes hacerlo incluso mientras te desplazas al trabajo o incluso en tu oficina.

Programación neurolingüística

Nuestra mente subconsciente es muy poderosa y está más activa de lo que podemos imaginar. No nos damos cuenta de sus poderes, ya que la mayoría de nuestras tareas las realiza la mente consciente, como aprender cosas, reaccionar y cosas por el estilo.

La mente consciente realiza la función de fijar los objetivos. Es la parte del cerebro sobre la que se puede influir. Los discursos de motivación, las charlas de ánimo y las historias para subir la moral llaman a las puertas de la mente consciente. Sin embargo, esta no es la mente que realmente hace la mayor parte de los trabajos.

El trabajo de la mente subconsciente es colocar las cosas en lo más profundo de tu memoria y convertirlas en tu naturaleza. No eliges los hábitos conscientemente; tu mente subconsciente los elige por ti.

Cuando tu intención está puesta en algo, es tu mente subconsciente la que te permite ser eficaz en ese campo.

Es una porción tan poderosa del cerebro que puede sacar cualquier cosa de tu cerebro o poner cualquier cosa en su lugar. Los miedos, las fobias, las ansiedades y las dudas se convierten en una parte fundamental de esta mente. Esto no sucede de la noche a la mañana. Cuando tu mente está constantemente entrenando en estas cosas, está pensando obsesivamente en estas cosas, o es forzada a experimentar estas emociones, se incrustan en la mente subconsciente. Como esta parte de la mente es más poderosa y tiene más voz, estos sentimientos pueden empezar a dominar tu cerebro funcional. La mejor manera de deshacerse de estas emociones negativas es entrenar a esta parte del cerebro para que no piense en esas cosas. El problema es que no es tan fácil.

Mientras que usted puede influir en su cerebro consciente con facilidad, el cerebro subconsciente no entiende el mismo lenguaje. Funciona con mapas internos que se ven afectados por tu comportamiento repetitivo de una manera determinada y otros estímulos como el sistema de representación preferido (PRS).

Influir en el cerebro subconsciente es difícil, ya que para ello habría que desencadenar los acontecimientos adecuados repetidamente. Aquí es donde la Programación Neurolingüística puede ayudar. Los profesionales pueden ayudar a entrenar el cerebro subconsciente para que se incline hacia algunos desencadenantes específicos.

El anclaje, la creación de rapport, los patrones de balanceo y la disociación visual/kinestésica son algunas de las técnicas a través de las cuales se puede llevar a cabo esta tarea.

Aunque todavía se están realizando estudios en este campo, se ha descubierto que esta terapia puede ser muy útil para tratar los miedos, las ansiedades y las fobias. Puede ayudar en gran medida a las personas que sufren trastornos de estrés postraumático.

Descubra la importancia de la respiración profunda

La respiración es una parte integral de la vida. Sin respirar, no sobreviviríamos ni siquiera unos minutos. El aire que se respira es el responsable de proporcionar la energía vital.

Todos lo sabemos, ¿no?

Sin embargo, casi ninguno de nosotros se toma la respiración tan en serio. Es algo que ocurre por sí mismo todo el tiempo. Es una tarea que nadie tiene que enseñarnos.

Sin embargo, el aire que respiramos puede hacer mucho más que mantenernos vivos. La forma en que respiramos puede tener un profundo impacto en nuestro bienestar físico, mental y espiritual.

Si empieza a practicar diariamente la respiración profunda y controlada, descubrirá que su mente ha empezado a funcionar mejor. Invitará a menos pensamientos negativos y se mantendrá más calmada y serena.

La respiración profunda y concentrada requiere una intensa concentración. Toda tu atención se centra en el ritmo de la respiración, y los pensamientos negativos que rondan tu mente pierden su efecto. Mantener la respiración durante un poco más de tiempo del habitual puede tener un efecto muy calmante sobre la mente. Si tu mente no para de vagar y nunca se ciñe a una cosa concreta, debes probarlo.

Puedes practicar la respiración profunda y controlada siempre que sientas que la ansiedad se acumula en tu interior. No necesitas ningún tipo de preparación o arreglo. Puedes hacerlo en la posición que quieras. Incluso no es necesario estar sentado o de pie en una posición específica.

La respiración profunda es una parte muy importante de todo el régimen de yoga, ya que considera que para calmar la mente y el cuerpo no hay mejor limpiador que una respiración larga y profunda.

Si alguna vez sientes que los pensamientos negativos ensombrecen tu mente o que la ansiedad te va a dominar, sigue la rutina de respiración profunda que se indica a continuación.

Puedes grabarlo con tu propia voz y luego simplemente escucharlo y seguir las instrucciones cada vez que sientas que la ansiedad se apodera de ti.

Rutina de respiración profunda

Por favor, póngase en una posición cómoda

Puedes practicar la meditación de respiración profunda en cualquier posición que desees

Lo que sea que esté causando estrés en este momento es temporal

Desaparecerá

Sólo tienes que respirar

Si estás sentado, deja que tu cuerpo se relaje

Si estás en posición de pie, asegúrate de tener un amplio apoyo

La respiración profunda es lo más natural

Es un acto que lleva a la autorrealización

Puedes cerrar los ojos para concentrarte profundamente

Si no se siente cómodo, manténgalos abiertos

Fija tu conciencia en cualquier punto frente a ti

Ahora, lleva tu conciencia a tu respiración

No necesitas alterar o controlar tu ritmo respiratorio

Sólo tienes que observar

Respirar es un acto tan fácil y sencillo

Sin embargo, es tan importante

Mira cómo el aire llena tus fosas nasales

Observe cómo sale

Simplemente observa la respiración que entra y sale

Respirar

Exhala

Respirar

Exhala

Respirar

Exhala

No intentes cambiar nada por el momento

Mantener la conciencia centrada en el proceso de respiración

Simplemente observa la forma en que respiras

Deja que el ritmo de tu respiración se estabilice

Respirar

Exhala

Respirar

Exhala

Respirar

Exhala

Ahora, probaremos la respiración profunda

Es un proceso muy sencillo

Sólo tienes que inhalar lenta y profundamente

No hay que precipitarse en ninguna parte del proceso

Deja que la respiración entre lentamente

Intenta observar y sentir cada parte

Inhalarás por la nariz hasta la cuenta de 7

Permanecer consciente de la respiración

Aguanta la respiración hasta la cuenta de 7

Luego lo soltarás incluso soltando lentamente el aire
por la boca a la cuenta de 10

El proceso es lento

Pero no hay prisa

Te mereces este tiempo

Concéntrate en tu respiración

Empieza a inhalar por la nariz

Lenta y profundamente

1....2......3......4.......5.......6.......7.....

Mantener la conciencia centrada en la respiración

Ahora mantén esta respiración hasta la cuenta de 7

1....2......3......4.......5.......6.......7.....

Puedes sentir la presión

Es posible que haya un poco de estrés en tu interior

No hay que preocuparse

Este estrés es positivo

Es bueno para ti

Ahora, exhala por la boca hasta contar 10

1....2......3......4.......5.......6.......7.......8........9..........10

Muy lenta y profundamente

Tienes que ir muy despacio en esta parte

Tienes que expulsar todo el aire que puedas

Todo el aire que exhales se llevará el estrés y la ansiedad presentes en tu interior

Te hará sentir relajado

Te hará sentirte eufórico

Vuelve a respirar profundamente

Siente la sensación que crea este aire en tus fosas nasales

Presta atención a la fragancia que lleva

Siente los pensamientos que entran en tu sistema con este aire

Ser consciente de la energía que trae consigo

Sigue el camino que lleva dentro de ti

Ahora, mantén este aire por unos momentos

Ser constante

Este es el momento del control

Este es el momento de la verdad

Este es el momento de la conciencia

La presión que se acumula en tu interior

Te dice que puedes superar cualquier cosa

Tienes eso dentro de ti

Ahora deja que este aire salga lentamente por la boca

No hay necesidad de apresurarse

Deja que salga lentamente

Deja salir todo el aire usado

Siente como la presión en tu interior se aleja

Siente que te envuelve una relajación extrema

Se siente como si se hubiera quitado una gran carga del pecho

Disfruta de esta sensación por unos momentos

¡Relájate!

Vuelve a respirar profundamente

Empieza a inhalar por la nariz

Lenta y profundamente

1....2......3......4.......5.......6.......7.....

Mantener la conciencia centrada en la respiración

Ahora mantén esta respiración hasta la cuenta de 7

1....2......3......4.......5.......6.......7.....

Ahora, exhala por la boca hasta contar 10

1....2......3......4.......5.......6.......7.......8........9..........10

Muy lenta y profundamente

Centra tu conciencia en tu respiración

¿Es estable ahora?

¿Respira ahora a un ritmo más lento?

¿Sigue sintiendo la misma ansiedad que antes?

Si todavía te sientes ansioso

Continuar con la respiración profunda durante un poco más de tiempo

Si sientes que tu ansiedad ha bajado

Deja de controlar tu respiración

Respirar a un ritmo natural

Simplemente,

Respirar

Exhala

Respirar

Exhala

Respirar

Exhala

Respirar

Exhala

Respirar

Exhala

Puedes abrir los ojos cuando te sientas cómodo

Si tus ojos están abiertos

Mantenga su posición durante un poco más de tiempo

Intenta sentir tu entorno por unos momentos

Reflexiona sobre el estado de tu ansiedad

Sea cual sea el motivo de la ansiedad

Respirar profundamente siempre ayuda a desviar la
mente de los pensamientos perturbadores

Ya puedes relajarte.

Dejar pasar el tren de los pensamientos

La mayoría de las veces, simplemente tomamos el tren rápido hacia la tierra de los pensamientos excesivos. No dejamos pasar los pensamientos y empezamos a participar en ellos.

Nuestra mente es un órgano muy complejo. En un solo día, puede tener entre 50000-70000 pensamientos. Eso significa que tenemos menos de 3000 pensamientos por hora o casi 50 pensamientos por minuto. Esta es una gran cifra. ¿Sientes que todos esos pensamientos bombardean tu mente todo el tiempo?

Esto ocurre porque la mente es muy eficiente. Sin embargo, también tiene ciertos prejuicios. Da un trato preferente a los pensamientos llenos de pena, dolor, estrés, miedo y ansiedad. Lo hace para asegurarse de que sigues siendo precavido. Es una parte del aprendizaje evolutivo que el cerebro ha asimilado.

Puede ser un buen truco para sobrevivir más tiempo en la naturaleza, donde estás expuesto e indefenso. Es una estrategia muy pobre para vivir una vida plena en el mundo. Sin embargo, el periodo de certidumbre y seguridad que ha presenciado la mente humana ha sido muy corto, y ha comenzado hace apenas unos siglos. Ha soportado los periodos de dura supervivencia durante miles de años y, por tanto, esos instintos siguen siendo dominantes.

Por lo tanto, la mente puede suprimir conscientemente los pensamientos positivos y mantener sólo los pensamientos negativos a la superficie. Cuanto más te sientas identificado con esos pensamientos, más poderosos serán.

La única manera de escapar de este triste viaje es dejar de lado este tren de pensamiento. No participes en los pensamientos negativos.

Si empiezas a tener pensamientos negativos que puedan provocar ansiedad, simplemente crea distracciones físicas para ti. Realiza una actividad que requiera tu participación física intensa. Puede ser un juego, ejercicio, correr o cualquier otra cosa que te mantenga ocupado por el momento. No intentes realizar ningún tipo de actividad de ocio como ver una película. Cuanto más le des a tu mente el margen de la imaginación, más difícil será que intente llevarte a bordo.

Si aparecen en tu mente pensamientos de dolor, traumas o fracasos del pasado, y aparece un vínculo con algún acontecimiento futuro, no intentes discutirlo. Tómalo como una señal de que esta discusión debe terminar. La mente te arrastrará hasta su nivel deseado y luego te golpeará con la experiencia. Crear una distracción es la mejor manera de evitar caer en la trampa.

Reetiquetado de los pensamientos

La ansiedad tiene la habilidad de atacar desde múltiples direcciones o, al menos, crea un aura de este tipo. Cuando empiezas a sentirte ansioso, se hace difícil comprender el número exacto de cosas que te molestan. Los problemas parecen intensos, y empieza a parecer que no serás capaz de soportarlos más.

La mejor manera de luchar contra un adversario más fuerte es identificar claramente sus puntos fuertes y débiles. Las posturas y los faroles son una estrategia de guerra común, y muchas guerras se han ganado así. Tu mente lo hace regularmente, y es una profesional en ese juego.

Siempre que empieces a sentirte muy ansioso y sientas que un ataque de pánico puede estar cerca, empieza a descifrar la causa del pánico. Intenta etiquetar las cosas que te provocan ansiedad.

Tienes que etiquetar cada emoción que sientas.

¿Tienes miedo? Intenta identificar los pensamientos que te hacen sentir miedo.

¿Te preocupan los resultados de algo? Intenta valorar la importancia real de ese resultado.

Si tienes dificultades para respirar, recuérdate que tienes un ataque de pánico, pero que se te pasará. No es nada permanente. Es sólo una fase. Ya has pasado por ella varias veces.

Si tienes varios pensamientos en tu mente, etiquétalos uno por uno. Evalúalos, reconócelos y deja que pasen. Dejar pasar los pensamientos estresantes es lo que mejor funciona en estas situaciones. Cuanto más intentes esquivar estos pensamientos, más fuertes se harán en tu mente.

Poner etiquetas correctas a los pensamientos que causan ansiedad y dejarlos ir. No te escondas de ellos ni intentes aferrarte a esos pensamientos.

Capítulo 7: Hábitos productivos para salir del atolladero

Uno de los mayores problemas de pensar en exceso es que lleva a la procrastinación. De hecho, el objetivo del cerebro para provocar la ansiedad es empujarte a la inactividad. Quiere que te quedes en un rincón para minimizar el riesgo. Como ya hemos comentado, ésta puede ser una buena estrategia de supervivencia en la naturaleza. No es una forma de vivir en este mundo en el que tu contribución es importante.

La procrastinación es uno de los efectos secundarios más comunes del exceso de pensamiento. Te mantiene en un bucle interminable de pensamientos que no tienen margen de acción. Tu mente puede seguir formando estrategias y luego descartarlas después de un punto para formar otras nuevas y mejores. Este proceso puede continuar hasta el fin de los tiempos.

Lo que realmente necesitas es un plan para romper la cadena de pensamientos y pasar a la acción. Cuanto más tiempo se siga pensando, más difícil será dejar de darle vueltas al asunto. Incluso las mejores estrategias del mundo pueden irse por el desagüe si no se ponen en práctica.

La procrastinación puede ser uno de los mayores rasgos negativos de una persona que piensa demasiado, y también apoyaría su hábito de no actuar a tiempo.

A continuación se presentan 5 estrategias que pueden ayudarle a abandonar el modo de pensar y pasar a la acción. Puedes elegir cualquiera de ellas según la situación y salir del estancamiento. Recuerda que cuanto más tiempo permanezcas en el punto muerto, más difícil te resultará salir de él.

La regla de los 5 segundos

El miedo tiene una relación muy arraigada con el aplazamiento de las cosas. Cuando tienes miedo de hacer algo, de sus resultados, o tienes aversión por ello, la mente automáticamente empieza a pensar demasiado en ello. Te hace pensar en las consecuencias si las cosas van mal y también te hace creer que las cosas irán mal. Muchas veces, si no actúas a tiempo, la mente será capaz de convencerte de que el tiempo ha pasado y no va a servir de nada tomar la acción entonces.

A la mente le gusta mantenerte sentado atado a los pensamientos. Ese es el terreno de juego más seguro según la mente.

Sólo posponemos para el futuro las cosas que no nos gusta hacer. Las cosas por las que no sentimos tanta pasión o las que nos han impuesto. Las cosas por las que sentimos pasión, las aplazamos.

La gente no quiere levantarse por las mañanas aunque el despertador suene varias veces y se quede dormido. La razón es su desgana por levantarse. No se sienten entusiasmados con las perspectivas del día.

Las mismas personas se levantarían horas antes si tuvieran que hacer algo que les apasiona.

Sin embargo, no puedes apasionarte por todo lo que tienes que hacer. Sobre todo, no sobre las cosas que temes o aborreces. Sin embargo, la inacción sólo te empujará a pensar demasiado.

Ponte como norma pasar a la acción a los 5 segundos de tener el pensamiento. Es una ventana muy corta. Pero no es necesario terminar el trabajo en 5 segundos. Simplemente tienes que iniciarlo.

Por ejemplo, si tienes que ir a la oficina, antes de que pasen 5 minutos desde que suene el despertador, debes salir de la cama. Si te quedas más tiempo en ella, lo primero que harás será darle una última repetición al despertador.

Una vez que se cruza la ventana de los 5 segundos, la mente empieza a pensar demasiado en todo el proceso y seguramente encontrará cosas que demuestren la inutilidad de todo el proceso.

Pasa a la acción antes de que sea demasiado tarde. Esta es una gran manera de romper los grilletes de la procrastinación.

Abandonar el piloto automático

La mayoría de las decisiones que tomamos no son conscientes. Son decisiones tomadas por instinto. No pensamos mucho en ellas. Esto ocurre porque nuestra mente permanece en modo de piloto automático la mayor parte del tiempo.

Si no le has exigido mucho que tome decisiones reales, le gusta tomar decisiones basadas en referencias. Las cosas que hiciste en situaciones similares anteriormente. ¿Conducen a algún resultado negativo? ¿Qué probabilidad de éxito ve para las acciones en este intento?

Tus acciones son guiadas por el piloto automático de tu mente en base a esas preguntas. Las situaciones nunca se juzgan por su mérito. A la mente no le gusta ver la probabilidad del éxito esta vez y las condiciones que podrían llevarle al resultado. Quiere mantener la inercia. Esta es la razón por la que la mayoría de la gente procrastina y nunca pasa a la acción. Su mente descalifica fácilmente la mayoría de las posibilidades sin siquiera considerarlas un poco. El tiempo restante que tendrá a mano ahora se utilizará para pensar demasiado.

Si quieres abandonar esta trampa de pensar demasiado, debes abandonar el piloto automático. Mira las cosas con atención. Toma todas las decisiones conscientemente. Mira el mérito de cada situación, y no trates de suponer las cosas mucho. Esto preparará un mejor terreno para la acción, y también te evitará pensar en exceso cuando dejes de suponer mucho.

Empezar positivamente

Una de las principales razones por las que nos echamos atrás a la hora de emprender cualquier tipo de acción es nuestra tendencia a ver las cosas con pesimismo. Empezamos con una nota negativa y luego esperamos que las cosas terminen positivamente. Esto casi nunca funciona.

El proceso de pensamiento negativo es desalentador, y es malo para la iniciativa. Reprender a tu propia mente no te animará, sino que te empujará a la inacción.

Intenta empezar cualquier cosa nueva, incluso un día, con una intención positiva. No lo agobies con expectativas, ya que eso también puede llenarte de preocupaciones. Simplemente, empieza con una nota positiva de que las cosas van a mejorar desde el principio.

Si crees que ver las cosas de forma positiva desde tu perspectiva no es posible debido a tu visión limitada, intenta cambiar tu perspectiva. Ponte en la piel de otra persona a la que puedas imaginar haciéndolo mejor. Piénsalo con una perspectiva diferente. A veces, el cambio de perspectiva puede suponer todo el cambio en el trabajo. Las mismas cosas que pueden parecer muy desafiantes desde tu ángel pueden ser pan comido para otros.

Una vez un hombre buscaba una famosa iglesia en un pueblo. Había venido caminando desde lejos y se estaba poniendo de mal humor. Vio a un chico pagando en el camino y le preguntó la distancia de la iglesia. El chico pensó unos segundos y le dijo que 24.858 millas. El hombre se quedó asombrado e incrédulo. Dijo que la iglesia no podía estar tan lejos. He venido a buscarla desde tan lejos.

El chico dijo que eran 24,858 millas según el camino que había tomado; sin embargo, sólo eran 2 millas si caminaba en la dirección opuesta.

A veces simplemente miramos las cosas desde un ángulo muy difícil. Mirar a través de la perspectiva de otra persona puede cambiar toda la historia.

Puede hacer que el trabajo sea fácil e interesante. Si te sientes atascado en algún trabajo y sientes que no tienes nada que hacer allí, intenta pensar de forma diferente desde el ángulo de otra persona.

Reconocer los miedos

Los miedos pueden empujarnos a la inacción. Tiene un impacto muy fuerte en nuestra capacidad de tomar decisiones. Si no abordamos nuestros miedos, seguirán acorralándonos. Aunque sigamos evitando los miedos, nuestra mente no se queda en silencio; te hace pensar todo el tiempo sólo en esos miedos y en las consecuencias de las acciones.

No hay forma de escapar de este ciclo. Si quieres evitarlo, la única forma eficaz es reconocer tus miedos.

En el momento en que reconoces los miedos, pierden el impacto mortal que tienen. Eres capaz de entender claramente el tipo de impacto que tendrán. También tienes la oportunidad de mirar más allá de los miedos y evaluar claramente las posibilidades de éxito.

Esta es una buena manera de romper el bloqueo y salir del hábito de la procrastinación guiada por el miedo.

Aprender el arte de establecer hitos

Nuestra mente busca constantemente las vías para empujarnos a la inactividad. Busca formas de empujarte a la inacción, ya que es el enfoque más seguro.

Muchas personas que empezaron a trabajar de forma ambiciosa en un momento dado acaban fracasando no porque se hayan esforzado poco, sino porque su mente fue capaz de convencerles de la inutilidad de sus acciones.

Por ejemplo, te propones perder 10 kilos y adelgazar. Tus aspiraciones, motivaciones externas e inspiraciones pueden darte energía para empezar a trabajar en esa dirección. Pero, es una tarea que requiere una motivación constante ya que estarás trabajando contra tu propio cuerpo. El cuerpo te dificultará el trabajo. La mente ayudaría al cuerpo en ello.

Esto significa que después de unos días, mantener esa motivación puede ser muy difícil. La tarea de 30 libras no es algo que vayas a conseguir en pocos días o semanas, y por lo tanto hay una alta probabilidad de que te rindas.

Muchas personas se rinden incluso antes de haber empezado, ya que su mente empieza a pensar demasiado en las probabilidades de éxito y no encuentra ninguna.

Ahora, piensa que si hubieras definido tu objetivo de forma más precisa y lo hubieras dividido en hitos más pequeños.

Perder 30 libras en 6 meses parece un objetivo muy bien definido. Hay una línea de tiempo objetivo para que no pueda seguir posponiendo más. Este es tu primer desafío a la procrastinación.

Sin embargo, 6 meses es un periodo muy largo, y mantener la motivación, incluso con un objetivo definido, puede ser difícil.

También necesitas hitos que te ayuden en tu búsqueda.

Los hitos le ayudan a organizar los resultados en compartimentos más pequeños para que pueda seguir su progreso.

Necesitas perder 30 libras en 6 meses significa que tienes 24 semanas para perder 30 libras. Esto nos lleva a 1,25 libras por semana.

Tendrá un objetivo semanal, y eso puede servirle de motivación constante. Habrá semanas en las que la pérdida de peso será más lenta. Los hitos le empujarán a trabajar más duro la semana siguiente para compensar el déficit.

Habrá semanas en las que tus logros serán mayores, y los hitos te impulsarán a trabajar más duro para alcanzar el objetivo final más rápido.

Establecer objetivos claros, dividirlos en hitos más pequeños y pasar a la acción inmediatamente puede ayudarte a romper las cadenas de la procrastinación y la inactividad.

Capítulo 8: El maravilloso arte de la meditación

La meditación es una forma asombrosa de calmar la mente y de enfocar la atención en la dirección correcta. La meditación puede ayudar a calmar incluso las mentes más agitadas. Aporta claridad a los pensamientos y ayuda a ver las cosas desde una perspectiva más amplia.

La meditación es una práctica milenaria que se ha seguido religiosamente en las culturas orientales. Es muy útil para relajar la mente, agudizar la concentración y aumentar la conciencia. Estas tres cosas, en última instancia, ayudan a reducir la ansiedad y a dejar de pensar en exceso.

Mucha gente piensa que la meditación puede aumentar el exceso de pensamiento, ya que permite a la mente reflexionar sobre las cosas durante más tiempo. Sin embargo, eso no es cierto, ya que cuando meditas, te vuelves más consciente y eres capaz de mirar los problemas con considerable desprendimiento.

El desapego marca la diferencia en la forma de percibir los problemas. Cuando nos sentimos demasiado identificados con el problema, no estamos mirando en profundidad, sino que intentamos encontrar una raíz de escape. Cuando miras con desapego, eres capaz de observar la raíz del problema y eso te acerca a la solución.

La mayoría de las veces, los problemas que nos parecen muy grandes en nuestra vida no tienen ninguna importancia. Si hubo una persona que fue muy cruel o abusiva contigo en tu infancia, es muy probable que invoque los mismos sentimientos incluso cuando crezcas. Esto puede ocurrir a pesar de que ahora haya crecido, tenga más poder y ejerza más autoridad.

¿Sabes cómo atan a los elefantes en la India?

Cavan una pequeña estaca en el suelo y atan al elefante a ella con una cuerda fina. Ese papel no puede mantener al elefante atado. Sin embargo, los elefantes nunca intentan romper esa cuerda. ¿Sabes la razón?

Cuando los elefantes son muy jóvenes, se les ata con cuerdas similares. En ese momento, las cuerdas son lo suficientemente potentes como para sujetarlos. Sin embargo, a pesar de que los elefantes crecen a un ritmo fenomenal, su mente nunca es capaz de salir del poder de esa cuerda. Así es como funcionan generalmente los miedos.

La meditación puede ayudarte a analizar la mente y a encontrar los miedos irracionales que puedan estar causando estrés y ansiedad.

¿Cómo puede ayudar la meditación?

La meditación puede darte el proceso adecuado para ver los problemas. Te proporcionará el arraigo firme en el que no te sentirás asustado por los problemas que te causan ansiedad.

También le ayuda a abordar los acontecimientos del pasado que desencadenan la ansiedad y el miedo. Puedes descargar el equipaje del pasado y comprender el funcionamiento de tu proceso de pensamiento.

Es una práctica muy sencilla que no requiere una formación rigurosa ni ayuda externa. Sólo necesitas estar en contacto constante con tu propio ser. La técnica es importante, pero eso es sólo una parte menor de la meditación, la mayor parte de la meditación es tu capacidad para entrar en contacto con tu propio yo. Una vez que eres capaz de establecer una fuerte conexión, las cosas que causan ansiedad no siguen siendo significativas.

La meditación es una práctica excelente para las personas que sufren estrés, ansiedad, depresión, caos interno y miedos.

¿Qué tipo de meditaciones pueden ayudar?

Hay docenas de tipos de técnicas de meditación que se centran en diversos objetivos. Algunas te ayudan a ser más consciente, mientras que otras te ayudan a relajar la mente por completo. Hay meditaciones para que te sientas más agradecido con el mundo, mientras que otras pueden ayudarte a crear una conciencia de reposo en la que tu mente pueda descansar de verdad.

Algunas técnicas de meditación importantes que pueden ayudar a aliviar el estrés y la ansiedad son:

Meditación con escáner corporal

Esta técnica de meditación también se denomina técnica de relajación progresiva. Te ayuda a abordar los problemas de tu cuerpo. El estrés y la ansiedad pueden provocar rigidez y dolor en el cuerpo. Puede que te resulte difícil realizar las tareas habituales del día sin sentir dolor. Este estrés puede hacer que te duela el alivio. La meditación de exploración del cuerpo es una práctica muy relajante en la que abordas las zonas de dolor de tu cuerpo a través de tu conciencia. Reconoces y aceptas lo que está causando el dolor, y tu conciencia te ayuda a aliviarlo. Esta técnica de meditación es muy útil para aliviar el dolor. También ayuda a calmar la mente y te permite comprender mejor tus miedos.

Atención centrada

Esta técnica de meditación utiliza la respiración como ancla para llevar tu conciencia a un único punto. De este modo, podrás anclar mejor tu mente y será más fácil controlar tus pensamientos acelerados. Puedes hacer esta meditación en cualquier lugar y es muy útil en caso de que te sientas asustado o ansioso.

Eres capaz de tomar conciencia de tus pensamientos y evitar que tu mente divague aquí y allá.

Acuse de recibo

Esta técnica de meditación es especialmente muy útil si estás intentando huir de tus miedos, y éstos son cada vez más fuertes. Te da la oportunidad de reconocer todos los sentimientos en tu mente y aceptarlos. Eres capaz de registrar todo lo que ocurre en tu interior y, por tanto, la oscuridad de la ignorancia se desvanece.

Es muy útil para despejar el revoltijo de emociones, y eres capaz de notar las cosas que te están perturbando en la realidad. Debes recordar que el reconocimiento del problema es el primer paso para solucionarlo eficazmente.

Reconocer el pensamiento también te ayuda a despejar el desorden en la mente y te permite dejar ir las cosas que no tienen ningún propósito en tu memoria.

Visualización

Ya hemos hablado de la contribución de la técnica de visualización en la relajación de la mente y el efecto calmante. Con la ayuda de ciertas imágenes, usted puede distraer su mente de la cadena de pensamientos negativos existentes y plantar un mensaje positivo en su mente. Nuestra mente trabaja muy eficientemente en pistas sutiles, y por lo tanto cualquier cosa que sientas es fácilmente incorporada en la mente.

Meditación de la bondad amorosa

Esta técnica de meditación es muy útil en caso de que estés estresado y ansioso por ciertas personas. Las personas de nuestro pasado y nuestro presente tienen un profundo impacto en nuestra vida. Algunas personas pueden tener un impacto muy profundo y perturbador en nuestra vida. Sus acciones pueden dejar heridas muy profundas que no se curan ni siquiera después de años. Formamos rencores contra esas personas y luego nos quedamos atrapados en el ciclo de llevar ese rencor para siempre. Simplemente el peso de los recuerdos mantiene las heridas vivas para siempre. También nos resulta muy difícil confiar en los demás o llevar una vida normal.

Esta técnica de meditación puede ayudar a superar esos traumas. Nos da la oportunidad de seguir adelante en la vida y crear nuevos y mejores recuerdos. Esta es una de las mejores técnicas de meditación para traer la paz en la vida y sanar las heridas.

Reflexión

Esta técnica de meditación ayuda a encontrar respuestas ocultas en lo más profundo de nuestra mente. Hay varias cosas que simplemente asumimos sin aplicar ninguna lógica a ellas. Hay ciertos miedos que no tienen cabida, pero prosperan en nuestra mente ya que rara vez les prestamos atención.

Esta técnica le ayuda a reflexionar sobre los problemas y a abordarlos de forma lógica. Tienes la oportunidad de reflexionar sobre los problemas percibidos y reducir la carga de estrés y ansiedad en tu mente.

Conciencia de reposo

En esta técnica de meditación, no luchas contra tus pensamientos, sino que permites que entren pero no te ves afectado por ellos. Mantienes una conciencia reposada de los pensamientos y observas su génesis y su final. Esto puede ayudarte a salir de las garras de tus pensamientos perturbadores que te dominan en cualquier momento.

¿Cómo practicar la meditación?

La gente tiene ideas extrañas sobre la meditación. Creen que para meditar hay que sentarse en posturas específicas durante horas y cantar mantras que no se entienden. La meditación es una forma de vida. Se puede practicar en cualquier forma y postura que se desee. Hay algunas reglas sencillas que debes seguir, ya que te ayudan a concentrarte y evitan que caigas en la trampa de las emociones negativas.

Cuándo y dónde practicar

Hay ciertas prácticas de meditación que ayudan a
reducir el estrés, y pueden practicarse en cualquier
momento en que sientas que el estrés y la ansiedad se
apoderan de tu mente.

Ciertas prácticas de meditación, como la meditación de
escaneo corporal, funcionan mejor cuando puedes
ponerte en posiciones específicas. Al igual que la
meditación de escaneo corporal, debe realizarse al final
del día tumbado en la cama o en una esterilla. La
meditación de la bondad amorosa debe practicarse por
la mañana temprano para que te sientas mejor a lo
largo del día. Tener en cuenta estas cosas puede
ayudarte a sacar el máximo partido a tu práctica de la
meditación. Esto no significa que estas técnicas de
meditación no puedan practicarse en otros momentos
del día. Sólo significa que durante estos momentos son
más eficaces.

Duración

No puede haber ningún dictado sobre la duración de la práctica de la meditación. Al principio, puedes tener problemas incluso para sentarte recto durante 5-10 minutos seguidos. La mente sería muy volátil, y seguiría haciéndote tropezar. Sin embargo, a medida que se practica, uno se acostumbra a la rutina y es capaz de meditar durante mucho más tiempo sin perder la concentración.

La duración debe ser la que te convenga. Sin embargo, en los primeros días, debes intentar aumentar progresivamente la duración de tus sesiones de meditación. Se dice que si se practica la meditación de forma continuada durante 48 horas en torno a la misma hora, el cuerpo se acostumbra a la rutina, y no habrá dificultad para convertirla en parte de la vida.

Postura

Algunas personas tienen grandes aprensiones sobre la postura sentada. Sienten que no pueden sentarse con las piernas cruzadas durante mucho tiempo. Algunas personas que no pueden sentarse en postura de piernas cruzadas en absoluto debido a problemas de salud o su peso.

Puedes practicar la meditación sentado con las piernas cruzadas, sentado en una silla, tumbado, de pie, caminando y corriendo. Lo que más importa es el enfoque de tu mente y no la forma en que dobles las piernas.

Sentarse en una postura específica como la de las piernas cruzadas tiene sin duda un efecto positivo. Hay ciertos puntos de presión que se presionan, y ayudan a mantener una mayor concentración y conciencia. Sin embargo, su incapacidad para sentarse en esas posturas debería impedirle obtener los beneficios de la meditación en absoluto.

Pro-Tips

Mantenga siempre la columna vertebral recta

Esta es una de las reglas más importantes que debes seguir mientras meditas. Ya sea que estés practicando la meditación sentado, de pie o acostado, tu columna vertebral debe estar siempre recta. No debes inclinarte hacia los lados ni encorvarte hacia la espalda o inclinarte hacia delante. No mantener la columna recta afectará a tu concentración y puede hacer que te sientas distraído, somnoliento o incluso temeroso.

Por ejemplo, inclinarse hacia delante mientras se medita puede conducir a la formación de pensamientos depresivos. Tus niveles de ansiedad se dispararían y te resultaría muy difícil mantener la concentración en algo concreto.

Inclinarse hacia atrás le hará sentirse inquieto.

Si se inclina hacia la derecha, puede empezar a sentir sueño. Inclinarse hacia la izquierda puede provocar un aumento de los deseos sexuales y, por lo tanto, se dificulta la concentración de la mente.

Puedes usar un respaldo

Si practica la meditación en posición sentada, puede utilizar el respaldo para mantener la columna vertebral recta. Apoyar la columna vertebral no es un problema en la meditación. Sólo tienes que asegurarte de que la columna vertebral se mantiene erguida y de que no te acuestas con la espalda.

No utilices un reposacabezas

Usar un reposacabezas es muy malo en la meditación, ya que en ese caso, perderás el control de tus pensamientos. Tienes que mantener el cuello recto y no puedes usar una almohada. Tu cuello debe permanecer sin apoyo si quieres tener un control activo de tus pensamientos. El uso del reposo del cuello también crea el peligro de caer en el sueño.

Descansa tus manos cómodamente

Puedes apoyar las manos en una posición cómoda. No es necesario mantenerlas sobre las rodillas ni en ninguna otra posición específica.

No sobrecargue su cuerpo y su mente

La meditación es una actividad relajante y no debe convertirse en un castigo para el cuerpo o la mente. Debes practicar la meditación sólo durante el tiempo que te sientas cómodo. Practicar 5 minutos más de lo que sueles practicar no es un problema, pero forzarte a practicar durante horas puede resultar contraproducente.

Incluso si quieres aumentar el tiempo de meditación, divídelo en partes más pequeñas si tu cuerpo o tu mente no se sienten cómodos. En lugar de tener una sesión de una hora, puedes tener dos sesiones de media hora cada una. Tu objetivo debe ser lograr un mayor equilibrio, concentración y conciencia.

La meditación es una forma antigua y probada de aportar claridad a la mente y aumentar la conciencia.

Puede ayudar a reducir los niveles de ansiedad y estrés. Si te sientes perturbado por tus pensamientos y tu mente tiene miedos que vienen a perseguirte en cualquier momento, la meditación puede proporcionarte las respuestas a la mayoría de tus problemas y definitivamente debes darle una oportunidad.

Capítulo 9: Los pensamientos negativos no son invencibles

No hay forma de eliminar los pensamientos negativos de nuestra mente. Forman parte del mecanismo de defensa de la mente, y son importantes. Sin embargo, el problema comienza cuando se vuelven tan importantes que todo lo demás empieza a perder su importancia. Los pensamientos negativos pueden empezar a dominarte y empujarte al pantano de la autocompasión y el arrepentimiento.

Estos pensamientos son destructivos y muy dañinos. Empiezan con una intención positiva pero causan mucho daño. Pueden destrozar la confianza de la víctima en sí misma y dificultar mucho su recuperación.

A las personas con pensamientos negativos les resulta muy difícil reunir el valor para salir de la trampa. Puede ser difícil, pero es definitivamente factible. Es muy posible para todos salir de la trampa del pensamiento negativo.

El problema común con el pensamiento negativo es que la gente tiene un enfoque equivocado. No son capaces de identificar la negatividad en su pensamiento. No puedes luchar contra un enemigo que no puedes ver. Este capítulo te ayudará a identificar los pensamientos negativos y te dará formas de salir de su trampa.

Reconocer el pensamiento negativo

Los pensamientos negativos suelen empezar como buenas intenciones. Como, por ejemplo, "Debería comer sano". No hay ningún problema con esta afirmación. Pero lo más probable es que esta afirmación surja del arrepentimiento. Uno hace esa afirmación cuando se da cuenta de que hay problemas en el estilo de vida que hay que cambiar. Estas afirmaciones surgen de la compulsión que uno siente. Sin embargo, hacer este tipo de afirmaciones puede tener un impacto negativo en tu psique. Cuando se dice que se debe comer de forma saludable, se está indicando que hay un problema que debe corregirse. Este tipo de problemas nunca son fáciles de tratar, ya que tienen un largo pasado y la mayoría de las veces llevan mucho tiempo. Mientras tanto, tu cerebro seguirá recibiendo señales de culpabilidad cada vez que no cumplas con tu promesa.

Habría momentos en los que no serías capaz de mantener tu determinación en absoluto, y eso tendría consecuencias negativas. El proceso de pensamiento negativo se haría más fuerte y seguiría presionándote por la espalda mientras ni siquiera lo reconoces.

Esto es sólo una declaración. Puedes poner promesas respecto a tus relaciones, hábitos, patrones de pensamiento, miedos, fobias o cualquier otra cosa, y el resultado sería el mismo. Siempre que no estés a la altura de las exigencias, habrá pensamientos negativos de autocompasión, arrepentimiento y resentimiento.

Pronto se convierte en patrones de pensamiento negativo automático. La mente aprende y empieza a reaccionar a las cosas de forma negativa incluso antes de que se haya producido una acción. Esto significa que empiezas a perder guerras incluso antes de haberlas declarado y que sigues siendo ridiculizado por perder una guerra que ni siquiera has librado.

El pensamiento negativo no tiene un gran comienzo.

Comienza con pequeños fracasos y se va acumulando en tu mente. Es importante que cambies tu forma de ver las cosas. La forma en que te comprometes contigo mismo tiene un impacto muy profundo en tu mente. Cuando dices que debes hacer algo, implica que hay una necesidad de hacer algo, y que debes ponerte a ello. Se convierte en una compulsión para seguirlo. Ahora bien, la mayoría de esas cosas son importantes y deben hacerse, pero no siempre es posible hacerlas. En ese caso, estarás cargando con una deuda innecesaria en tu mente.

Debes hacer estas declaraciones con cuidado. En lugar de decir que hay que comer sano, hay que decir que voy a intentar comer lo más sano posible a partir de ahora.

Lo mismo debería ocurrir con tus miedos. Si te da miedo hablar en público, pero tu trabajo te obliga a ello, no sirve de nada decir que debería ser capaz de hablar en público sin miedo. Esta afirmación te llenará de autocompasión, ya que te fallarás a ti mismo cada vez que hables en público. Debes empezar con algo como Sé que no soy capaz de hablar en público con confianza pero estoy trabajando en ello. Intentaré encontrar la manera de superar este problema.

El pensamiento negativo puede tener un impacto perjudicial en tu confianza y autoestima. Puede hacer que te sientas mal todo el tiempo, y la mayoría de tus esfuerzos pueden ser en vano, ya que seguirías sintiéndote derrotado por dentro.

Sin embargo, si ya sufres de pensamientos negativos, hay varias estrategias de afrontamiento que pueden ayudarte.

Estrategias de afrontamiento

Mindfulness

El mindfulness es una forma estupenda de salir del círculo vicioso del pensamiento negativo. El mindfulness te ayuda a mantenerte conectado a la realidad. Puedes entender claramente tus limitaciones y tener la oportunidad de trabajar lentamente para mejorarlas. Mindfulness es un proceso de mejora continua. También te ayuda a liberarte del bagaje de experiencias pasadas y, por lo tanto, eres capaz de intentarlo de nuevo cada vez.

Puedes probar la meditación de atención plena para prevenir la formación de pensamientos negativos en tu mente.

Modificación del pensamiento mediante la terapia cognitivo-conductual

La terapia cognitivo-conductual se basa en el concepto de que nuestros sentimientos, acciones, pensamientos y sensaciones físicas están interconectados y que cambiar uno puede ayudar a cambiar los demás.

Puede ayudarle a reducir el estrés y a afrontar relaciones complicadas. Puede que te resulte más fácil lidiar con el duelo en la vida o afrontar otros retos difíciles en la vida.

Es una forma de modificar el funcionamiento de nuestra mente consciente. Esta terapia no tiene ningún efecto sobre la mente subconsciente, pero es capaz de afectar a la forma en que nuestra mente consciente piensa y percibe las cosas.

Capítulo 10: Desarrollar una mentalidad ganadora

La actitud ganadora es algo que desarrollamos. Es el resultado de un condicionamiento adecuado. Las mismas personas que parecen muy seguras y entusiastas pueden convertirse en lo contrario si desarrollan una mentalidad negativa, y lo mismo ocurre a la inversa.

Si quieres salir de la trampa de los procesos de pensamiento negativos y desarrollar una mentalidad ganadora, tendrás que introducir algunos cambios positivos en tu personalidad.

A continuación se presentan algunos cambios pequeños pero importantes que debe realizar en su vida personal y en su personalidad para desarrollar una mentalidad ganadora. Estos cambios no son muy significativos, pero pueden dejar un impacto muy profundo en tu cerebro consciente y en la forma en que percibe los problemas. Esto es algo que importará mucho a la hora de tener una mentalidad ganadora.

Empezar el día con positividad

Este es un punto del que ya hemos hablado en capítulos anteriores, pero nunca se insistirá lo suficiente. La forma en que empezamos el día tiene un impacto muy profundo en la forma en que va a terminar o, al menos, en la mayor parte.

Si te has levantado tarde y desde el principio te preocupa que el día vaya a ser malo, puedes estar seguro de que estás en lo cierto porque has marcado el tono del día. En cambio, si te levantas sonriente y sales de casa esperando que ocurran cosas buenas, te llevarás muchas sorpresas agradables en el día.

No es algo mágico. Cuando uno está de buen humor, hasta las cosas más sencillas se ven bien. ¿Has sentido alguna vez la sensación del día cuando has recibido una muy buena noticia? El día que estás de mal humor, incluso el mejor de los climas no significaría nada para ti.

Esto no termina aquí. Tu estado de ánimo afecta constantemente a tu psique. Grita con fuerza que todo va mal. Ya ha aceptado que el día ha ido mal y que va a terminar con una nota peor. Haría falta un milagro para levantar ese estado de ánimo.

Empieza el día con una nota positiva y trata de mantenerla en la medida de lo posible. Tendrá un impacto positivo en tu mentalidad.

Enfócate en lo positivo diariamente - Encuentra al menos 4 cosas positivas del día

Al final del día, intente encontrar diariamente al menos 4 cosas positivas sobre el día que acaba de concluir. Esto debe hacerse sin excepción.

Puede ser cualquier cosa que te haya gustado en todo el día. Si viste una flor y te pareció lo suficientemente hermosa como para levantar tu estado de ánimo, menciónalo. Conociste a un extraño que te sonrió genuinamente, eso puede ser algo para mencionar. Ayudaste a alguien de alguna manera que te hizo sentir comida; esto puede ser una cosa a mencionar. Puede ser cualquier cosa que te haya gustado, pero debe haber al menos 4 cosas que te hayan gustado del día.

Si quieres, puedes incluso escribirlas en un diario o simplemente decirlas en voz alta. Este simple acto puede ayudarte a cambiar tu perspectiva del mundo. Empieza a buscar la positividad a tu alrededor.

Haz algo positivo por los demás a diario

Este es un simple acto de bondad que puedes hacer. Puede ser un acto menor. No tiene que ser nada importante cada día. Pero, debes hacer una cosa al menos cada día que marque la diferencia en la vida de una persona. Cuando hacemos algún acto de bondad, no sólo tocamos la vida de los demás, sino que el acto desinteresado también toca un rincón de nuestro yo y levanta nuestro espíritu y estado de ánimo.

Te llena de felicidad y te sientes orgulloso de ti mismo, lo reconozcan o no los demás. Es un cambio que puede ayudar a infundir positividad en tu mente.

Vivir el momento

Debes aprender a vivir en el presente. Debes dejar de
reflexionar demasiado sobre el pasado. Vive cada
experiencia tal y como viene, y por favor, deja de juzgar
las cosas en base a tus experiencias pasadas. Esto te
dará una nueva perspectiva. El cambio es una realidad
y una verdad constante. Lo único que es constante es el
cambio. Cuando juzgamos las cosas sobre la base de
experiencias pasadas, estamos obstaculizando este
cambio.

Apreciarse a sí mismo

Esto es importante. Debes aprender a apreciar las
cualidades genuinas de ti mismo. Debes intentar buscar
los puntos fuertes de tu personalidad y trabajar para
desarrollarlos. Cuanto más te aprecies por tus
cualidades, más fácil será romper el proceso de
pensamiento negativo.

Apreciarse a sí mismo es importante si realmente
quieres tener éxito en tus relaciones, en tu trabajo y en
la vida en general. Las personas que no son lo
suficientemente buenas a sus propios ojos nunca
pueden esperar ser lo suficientemente buenas para los

demás. Si no te aprecias a ti mismo, seguirás sintiéndote estresado e insuficiente. Siempre habrá un problema con tus niveles de saciedad general.

Encontrar vías para mantener la motivación

Mantener la motivación es importante. Hay que encontrar todas las formas que existen para mantenerse inspirado y motivado. Desde películas hasta charlas, lo que sea que funcione para ti debe ser utilizado para obtener el empuje necesario. La motivación sigue dándote el impulso para seguir trabajando con la misma fuerza.

Trabaje su lenguaje corporal

Es importante que trabajes tu lenguaje corporal. Desde la ropa hasta la forma de comportarse, todo en su personalidad debe hablar de su confianza y positividad. Debes recordar que tanto la positividad como la negatividad son contagiosas. Una persona positiva puede iluminar toda la habitación, mientras que una persona negativa puede entristecer a las personas que la rodean. Debes elegir el tipo de persona que quieres ser.

Recuerda que es más importante para ti que para los demás. Tu atuendo, tu apariencia y tu conducta tienen un profundo impacto en el funcionamiento de tu mente.

Apreciar y agradecer más a menudo

Haz que sea una regla general el apreciar a los demás incluso por cosas menores que te ayudan o te facilitan la vida. Es otro cambio positivo que puede ayudar mucho a tu mentalidad. Cuando dices cosas positivas sobre los demás, estás recordando a tu mente que debe pensar de la misma manera. Cuando expresas tu gratitud hacia los demás, estás siendo más abierto, aceptando y reconociendo. Esto tiene un impacto muy profundo en tu mente consciente.

Busque la positividad incluso en las situaciones sombrías

Esto no es una obviedad. No se puede perder la esperanza cuando las cosas empiezan a ir mal. Una gran parte de la mentalidad ganadora consiste en mantener la compostura incluso en situaciones sombrías cuando los demás pierden la esperanza. Es un arte que hay que desarrollar.

Buscar soluciones y no los problemas

Hay que buscar los problemas y no las soluciones. Esta es una afirmación que escuchamos a menudo. Sin embargo, en cuanto las cosas se descontrolan, nuestra mente empieza a buscar vías de escape o, mejor aún, empieza a exagerar los problemas. No aportamos nada; al contrario, acabamos empeorando las cosas.

Todo esto ocurre porque nuestra mente sigue centrada en la intensidad del problema y no en la solución. Debes recordar que pensar en el problema y en la cantidad de daño que puede causar nunca puede resolverlo. Tendrás que empezar a pensar en la forma de resolverlo. Es un talento que habrá que cultivar.

Conclusión

Gracias por haber llegado hasta el final de este libro, esperemos que haya sido informativo y capaz de proporcionarle todas las herramientas que necesita para alcanzar sus objetivos, sean cuales sean.

El exceso de pensamiento es un problema que en gran medida permanece ignorado. Hubo un tiempo en el que sólo unas pocas personas se veían afectadas por este problema, y su alcance no era muy elevado, ya que la gente generalmente permanecía ocupada con otras tareas a su alcance. Sin embargo, gracias a la modernización la gente tiene ahora más tiempo y menos cosas que hacer. Una gran parte del tiempo se emplea ahora en pensar en exceso. La alta tasa de trastornos de ansiedad en la sociedad es un sólido testimonio de este hecho.

La intención de este libro ha sido poner delante de usted todos los hechos relacionados con el pensamiento excesivo y explicar sus causas.

He hecho todo lo posible para que este libro sea lo más completo posible a la hora de dar los detalles de las formas en las que puedes dejar de pensar en exceso y por lo bajo los efectos del estrés y la ansiedad.

Este libro también ha tratado de explicar soluciones como la respiración profunda, el tapping EFT, la atención plena y la meditación para que puedas hacer uso de ellas en tu vida personal.

También puede obtener todos los beneficios del proceso siguiendo los sencillos pasos que se dan en el libro.Espero que este libro sea realmente capaz de ayudarle en la consecución de sus objetivos.

Por último, si este libro le ha resultado útil de algún modo, siempre se agradece una reseña en Amazon.

Descripción

¿Pensar en exceso es la causa del estrés, la ansiedad y la postergación en su vida?

Obtenga soluciones fáciles, prácticas y prácticas para superar el problema del pensamiento excesivo en 30 días

¿Se ha convertido la procrastinación en su segunda naturaleza?

¿Siempre le preocupa que algo pueda salir mal en cualquier momento?

¿Siempre intenta mantener el control y hasta los cambios más sencillos le llevan al límite?

¿Sigues rumiando tu pasado en tu mente y te cuesta mucho salir de las malas experiencias?

Estos son signos de exceso de pensamiento, y pueden provocar estrés, ansiedad grave, miedo y pánico. Estas cosas pueden dificultar una vida normal.

¿Sabía que más de 40 millones de estadounidenses padecen actualmente trastornos de ansiedad en los que el exceso de pensamiento desempeña un papel importante?

¿Sabía también que poco más del 35% de las personas que sufren trastornos de ansiedad buscan alguna vez ayuda, y el resto se ve obligado a pasar su vida en la desesperación luchando contra esos problemas?

¿Sabías también que todo esto ocurre a pesar de que el pensamiento excesivo y la ansiedad son condiciones altamente tratables?

Si quieres saber cómo superar estos problemas, **Leer más...........**

En este libro, encontrará...

- Explicación de este arraigado problema
- Signos y síntomas del exceso de pensamiento
- 10 causas principales del exceso de pensamiento y la razón por la que se ignoran
- Las amenazas ocultas que conducen a pensar demasiado y al estrés en nuestras vidas

- El impacto físico, mental, emocional y cognitivo del pensamiento excesivo y la ansiedad
- Comprender a fondo las razones que causan el desorden mental y las formas de afrontarlo
- Formas de controlar la mente y dejar de pensar en exceso
- Formas eficaces de reducir el estrés y la ansiedad
- Formas prácticas de dejar de procrastinar y ser más productivo
- Comprensión del concepto de meditación y las formas en que puede ayudar a frenar la malicia del pensamiento excesivo
- Formas de controlar los pensamientos negativos
- Formas de cultivar una mentalidad ganadora
- Una explicación detallada de los conceptos como el tapping de la ETF, la atención plena, la respiración profunda y la meditación

Y más...........

La mayoría de la gente nunca se da cuenta de que el problema de pensar demasiado puede hacerlos ineficientes

Puede tensar sus relaciones al empezar a cuestionar todo

Pensar demasiado puede robar la confianza y llenar a la víctima de miedos desconocidos

Pero, hay formas de superar la amenaza del pensamiento excesivo, si quieres conocer las formas **Comprar ahora.......**

Es muy difícil que la gente entienda el dolor y la agonía por la que tiene que pasar una persona que sufre de sobrepensamiento

Pensar demasiado es como un perro que ladra dentro de la mente y que nunca se calla

Mantiene la mente llena de preguntas, preocupaciones y temores

Te hace cuestionar hasta las cosas más seguras

Llena el corazón de miedo a lo desconocido y te hace revisar todo varias veces

Puede dificultar la vida de la víctima, así como de todas las personas conectadas

Este libro puede ayudarle a entender y resolver el problema del pensamiento excesivo desde sus raíces.

Buy Now ….Si quieres deshacerte de los miedos incrustados en lo más profundo de tu mente

Comprar ahora….Si quieres vivir una vida segura y plena

Comprar ahora….Si quieres deshacerte de los miedos y ansiedades irracionales

www.ingramcontent.com/pod-product-compliance
Lightning Source LLC
Chambersburg PA
CBHW060501030426
42337CB00015B/1690